真好笑，这样的“傻”问题竟然还有答案

[法] 斯特凡娜·弗拉蒂尼（Stéphane Frattini）/ 著
[比] 樊尚·里夫（Vincent Rif）/ 绘
胡婧 / 译

100 COMPARAISONS STUPIDES
mais pas si bêtes...

上海社会科学院出版社
SHANGHAI ACADEMY OF SOCIAL SCIENCES PRESS

目录
CONTENTS

人类的尿液可以装满多少个奥运会泳池?

每天有那么四到六次，一股强烈的尿意会让我们急得直跺脚……是时候去放空我们的膀胱啦！排尿一次大约需要 30 秒，如果把人一生的排尿时间都累计起来，那就相当于 50 多个昼夜！

有机混合物

奥运游泳选手坦言：在训练过程中，他们偶尔会在含氯的泳池里尿尿。其实，这并不要紧，因为在尿液的成分中，95% 是水分，其他还包含少量的尿素——一种含氮的废物，对植物而言，它是一种绝佳的肥料……更令人惊奇的是，我们可以在尿液中检测到约 3000 种不同的分子，其中有一半是由人体产生的，剩下的那些是外来物的残渣：这些物质有的在饮食过程中被吞进人体，有的被我们的皮肤吸收，还有的则是在呼吸过程中被我们的鼻子吸进体内的！

微妙的色差

尿液的黄色来源于胆汁（一种有助于消化的液体）产生的色素。肾脏以 1 升 / 分钟（约 1700 升 / 天）的速度过滤血液，与此同时，这些色素便被肾脏排出。起初，这些色素是绿色的，但当它们被水稀释时，却得到了深浅不一的黄色液体。简单来讲：我们饮水越多，我们的尿液颜色就越浅！

可观的流量

平均而言，每人每天的排尿量为 1.5 升，约 550 升 / 年。依此为参考，巴黎市的居民一天要排尿 334.5 万升，能装满 1.07 个奥运会泳池；相较之下，图卢兹市居民的日排尿量仅相当于 0.2 个泳池的容量……而上海市的居民每天排尿量能装满 11 个泳池。

从全人类的角度来看，每天的总尿量可以装满 3648 个奥运泳池，换句话说，以 13.2 万升 / 秒的排尿速度，每分钟需要 2 个以上的泳池才能装得下全球居民的尿液。不过，与大自然的吞吐量相比，我们可就小巫见大巫了：人类的尿流量仅是塞纳河流量的 1/4，或尼亚加拉大瀑布流量的 1/18。

把世界上所有的汽车都排成一列，这个队伍会有多长？

究竟有多少辆汽车行驶在地球上？没有人了解准确的数字。我们只能像了解野生动物的数量那样，靠估计来推算……

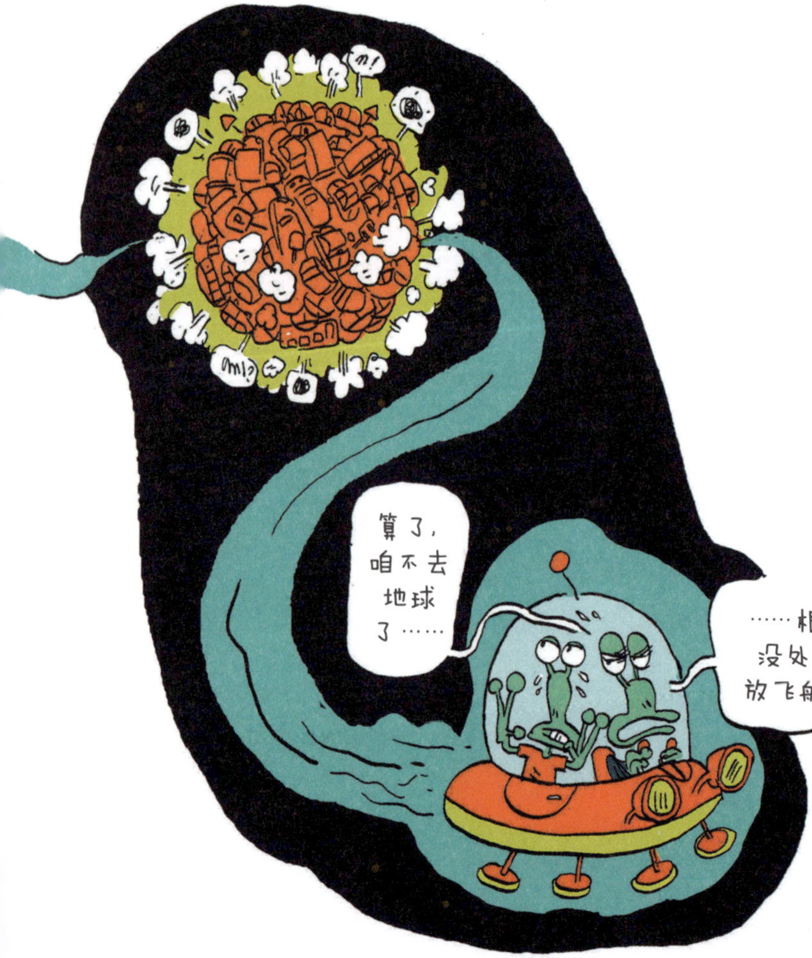

疯狂的增速

把小汽车、卡车、公共汽车都算在一起，截至2007年，全球可行驶的机动车数量已突破10亿大关。10年过后，该数字已经攀升到了14亿，预计到2050年，这个数字可能会超过25亿。具体来讲，在当今世界，平均每7个居民就拥有一辆汽车。当然，地域差异也相当明显：在美国，每1.5个居民就拥有一辆；而在非洲，每22个居民才拥有一辆。

鱼贯排列

一辆车的平均长度为4.13米，乘以14亿这个数量，所有车辆的总长大概可达578.2万千米，是地球到月球距离的15倍，或者能绕地球赤道144圈！仅就法国而言，其私家车总数估计有3200万辆，若首尾相连排成一列，长度可达13.2万千米，是地球周长的3倍……另外值得一提的是，我们会花大量时间待在这些钢铁铸成的狭小空间里：一个欧洲人（不论是司机还是乘客）一生平均要在车里度过四年零一个月！

中国的堵车煎熬

尽管一辆汽车有96%的时间都处在停车状态，但这仍无法避免交通堵塞的发生……最严重的一次出现在2010年8月，中国的京藏高速公路上。这次拥堵事件是大量运煤重型货车和一系列道路维修工程引起的，成千上万辆车被困在了长达100多千米的路段上，经过将近两周的时间才得以疏通！这样想想，骑自行车出行其实也挺好的……

我们需要多久才能吸入体积相当于一个热气球的空气？

吸气，呼气……我们在不经意间让空气流入、流出我们的肺部。但若真要计算我们吸进的空气体积，我们就会发现，真相简直令人咋舌！

气体交换

呼吸的作用是什么？答案是吸进空气中的氧气，吐出二氧化碳。为此，我们每个人的肺都具有至少 3 亿个肺泡——它们是一些微小的薄壁泡囊，外界空气与血液的气体交换就在这里进行。若我们将这些肺泡展开铺平，其表面积能达到约 75 平方米，比一个羽毛球场还要大一些！

吞吐山河

一个人活到 80 岁大概要吸进 35.2 万立方米的空气，相当于 140 个热气球的容量。有些人大概是被这个数字吓倒了，所以仿佛想要竭力减少自己吸入的空气，戈兰·克洛克就是这样一个例子：自 2014 年以来，这个克罗地亚人以 22 分 32 秒的成绩成了水下憋气的世界纪录保持者。你可千万别在自家的浴缸里做同样的尝试哟！

每分钟十五次

一个成年人的肺总共可以存储 5 升空气，不过我们不会在每次呼吸的时候把肺部的空气完全排出：大部分空气会被封锁在肺腔中，作为储备，以备不时之需。正常人每分钟呼吸 15 次左右，在这个过程中，平均有 8 升空气流通在我们的肺里。照此推算，我们每天要“消耗”1.2 万升空气，即 12 立方米，年消耗量可达 4400 立方米。相比之下，一个普通的热气球能容纳 2500 立方米的气体，所以要吸进容量相当的空气，我们需要 6 个月多一点的时间！

世界上最大的卡车能够载得动一头鲸吗？

在一些大型的露天矿场，人们每天都要开采出数量惊人的岩石。为了把它们都运送到矿石处理点，我们必须依靠汽车界的“巨人”——重型卡车！

世界纪录

“特雷克斯”“利勃海尔”“卡特彼勒”数个工程机械品牌都推出了自家的“特大号”卡车。目前世界上最大的一款重型卡车由白俄罗斯制造，被用于西伯利亚的煤矿开采。它名叫“别拉斯 75710”，车身长 20.6 米，宽 9.87 米，高 8.16 米，相当于一栋豪宅（带车库，楼上有卧室，甚至还包括阁楼……）

的体积。

载重能力

这款“巨无霸”卡车自重360吨，远远超过了世界上体型最大的动物——蓝鲸，蓝鲸的体重“仅”为170吨。不仅如此，它的载货量能达到450吨，接近于3头鲸或64只非洲大象的重量，还相当于……一架载有500名乘客及行李，且加满燃油的波音747飞机！

油耗惊人

若要这款卡车以其最高时速（64千米/时）行驶100千米，它需要消耗燃油1300升。但在实际作业中，该卡车每小时的油耗量应该在500升左右，因为它配备有两台高性能的柴油发电机，其输出功率达4600马力（相当于60辆普通汽车），能够为数台电动机提供足够的电力。这些电动机有的被设置在车轮内部，有的则用于起重和操作系统。为登上离地面有相当高度的驾驶室，司机需要爬一段斜梯。作业时，司机可以通过若干个摄像头在屏幕上查看卡车周围的情况，目的是为了避免碾压到任何一个工人，因为与卡车相比，他们简直小如蝼蚁……

一个人拥有的财富可能比4亿人加起来还要多吗？

为了引起大家对贫富差异现象的关注，乐施会[1]会定期展开评估。结果发现，在全球范围内，富有的人变得越来越富有，而这并不是一个好兆头……

聚焦几位顶级富豪

2017年，世界前8名富豪的资产累计达4260亿美元，相当于全球人口中最贫穷的那一半人（即38亿人）所拥有的（微薄）财产总和。换句话说，位居富豪榜前列的每一个亿万

①乐施会（Oxfam）是一个具有国际影响力的发展和救援组织的联盟。

富豪，其身家都堪比 4.75 亿穷人所拥有的财富总和。要知道，这个数字正好是墨西哥和美国的人口数量之和！

一小撮百万富翁

要体现这种贫富差距的悬殊性，其实还有另外一种统计方式：人类的财富总值是 255 万亿美元，然而我们观察到，其中 99% 的财富（包括房地产、证券或有形资产）仅掌握在 1% 的人（约 7600 万人）手里。反过来看，即使是在最富裕的国家，也仍有 14% 的人口生活在贫困线以下……

一大批贫困人群

在世界的某些地区，贫富差异现象更加突出。比如在非洲，47% 的人口生活在赤贫线以下，每天以 1.25 美元度日。若人民生活艰难，国家则无法获得足够的税收来投资公共服务，如教育、医疗、道路养护等。简言之，我们是打算让情况这样继续恶化下去，还是决心想办法更好地分配财富？

用狗毛织成的毛衣会比羊毛的更保暖吗？

给自家的长毛犬（或长毛猫）梳过毛的主人都知道：每次梳毛，我们都能收集到一团非常柔软的绒毛。于是有人要问了：与其把宠物脱下的毛丢掉，那我们能不能将其制成毛线团呢？

毛质更佳

答案是肯定的，而且其实早就有人想到过这个点子了！早在几个世纪以前，因纽特人就开始用萨摩耶犬、西伯利亚雪橇犬或阿拉斯加雪橇犬的毛来织毯子了。在俄罗斯也一样，那里的妇女会用狗毛来编织毛袜，这种袜子颇受当地人欢迎，因为它既保暖又柔软，简直可以与最高贵的毛料媲美，如马海毛（安哥拉山羊毛）、开司米（蒙古国山羊绒）、安哥拉呢（安哥拉兔毛、牦牛毛或绵羊毛）或阿尔帕卡（羊驼毛）。

犬毛线团

在网络上，我们甚至可以搜到一些专门替客户制造毛线的公司。你只要把搜集到的宠物毛发邮寄给他们，对方就会负责将毛卷儿梳理几遍，使所有毛发都顺着同一方向排列，然后用纺车将其纺成纱线，两股纱线捻合在一起便制成了毛线。接下来，毛线还要被缠绕成线圈，并被清洗和干燥数次，最后才被卷成一个个重约 50 克的毛线团。现在一切准备就绪，可以开始织东西了：织一顶帽子大概需要三个线团，如果是一件背心，那得要二十多个线团哦！

奇思妙想

那么，人类的头发也可以用来编织吗？答案依旧是肯定的，前提是先要把它们绞成线……织一件毛衣大约需要 10 万根头发。一位名叫项仁宪的中国女子和一位名叫洛阿娜·科安卡的罗马尼亚女子就用自己的头发织成了衣服，她们对此非常自豪。美中不足的是，这些衣服看起来实在有点丑，不过咱们最好闭紧嘴巴！这话还是别让她们听见比较好……

公交车司机和海洋渔民这两个职业，哪一个更具风险？

有些工作会严重危害到身体健康，这是不争的事实！但就工作中的事故而言，这个概率完全取决于我们选择（或被迫从事）的职业，以及我们工作的国家……

风险等级

为评估不同职业的风险等级，我们在各个行业中抽取了10万名工作者，并统计了他们当中遭遇致命事故的人数。在美国，伐木工人是最高危的行业，样本中的受害者达到了132人，死因通常是被重物砸伤；第二危险的行业是海洋渔民，死亡人数为55人（大部分因溺水所致）；小型飞机驾驶员和屋顶铺瓦工这两个职业并列第三（各40人因公遇难）；接下来依次是街道清洁工、钢铁工人、卡车司机、农夫、电力维修工和建筑工地施工人员。

危险面前，男女有别

这项美国研究中提到的大多数职业，其从业人员基本都是男性。欧洲的情况也一样，最危险的岗位出现在建筑业、土木工程、化工和货品装卸领域。对女性来说，事故最频发的工种在个人服务业（尤其是上门服务），原因是长时间工作导致疲

劳很容易引起交通事故、跌倒或烫伤……

野蛮的世界

在许多国家，我们根本找不到任何有关工伤的统计数据，所以谈到矿工或非洲的货车司机等，我们还无法评估这些职业的危险程度。有时候，我们还必须把暴力和腐败等因素考虑进来。你能想到吗，世界上最危险的职业之一居然是在危地马拉当公交车司机：十年来，当地已经有 1300 多名巴士司机被敲诈运输公司的匪帮杀害了。此外，在墨西哥当警察或在中东当记者同样危险重重……

假如跳蚤和人一样大小，它能跳多高？

人蚤是与人类关系最密切的一种跳蚤，它又叫作“致痒蚤”，因为被它叮咬过的皮肤会出现较严重的肿胀、瘙痒等症状。不过，在我们怒气冲冲地用指甲把它碾碎之前，倒不妨钦佩一下这个小畜生所拥有的非凡本领！

一切都是相对的

自 1993 年以来，古巴籍运动员哈维尔·索托马约尔就以 2.45 米的成绩保持着男子跳高的世界纪录。该运动员身高 1 米 95，也就是说，他跳出的这个高度是其身高的 1.25 倍。相比之下，跳蚤的身长只有 2 毫米，但它的跳跃高度却能达到 30 厘米……是自身长度的 150 倍！假如哈维尔·索托马约尔能拥有跳蚤那样的弹跳力，他将能跳出 360 米的高度，比埃菲尔铁塔还要高得多。

超级弹跳力

蚱蜢的跳跃距离可以是其自身长度的 200 倍，和它一样，跳蚤在胸部和腿部之间有一层“缓冲垫”，它是由一种特殊的“节肢弹性蛋白”构成的。当昆虫跳跃时，这种具有卓越弹性的物质能够在突然放松之前储存必要的能量。“嗖”的一下，跳蚤纵身一跃便攀附到了过路行人的腿肚子上！

勇往直前的小不点儿

通过观察高清摄像头拍摄的资料，剑桥大学的研究人员发现，跳蚤起跳时会把所有力量都压到脚趾（跗节）上——其末端还长着强有力的爪，可以用来扒住物体——这使它能够以 1.9 米 / 秒的速度将自己弹射出去，起跳时的加速度达到了 150G，是阿丽亚娜系列运载火箭的 20 倍（即使是训练有素的专业人员，最多也只能承受 18G 的加速度）……而在着陆时，跳蚤承受的减速度同样惊人，相当于一辆车以 300 千米 / 时的速度朝一堵墙猛冲过去！让人不禁道一句：小不点儿，你没事吧？

我们吃掉的食物比浪费掉的更多吗？

从理论上讲，全世界的农业产量完全足以养活人类。问题的症结在于，人类有时实在太擅长糟蹋食物……

世界人民的胃

唔……真美味！世界上每分钟都有 5500 吨食物要进到人类的胃里，也就是说，人类每 2 秒就要吞下与一头蓝鲸等重的食物……平均而言，每人每年要消耗 355 千克固体食物，即每天的消耗量大概为 1 千克。然而，世界上专供人类消耗的粮食产量约计每天 40 亿吨，换言之，每个人每天应该可以分到 526 千克。既然如此，那多出来的食物去哪儿了呢？它们都被丢进垃圾桶了：不是变质了就是被浪费了……

巨大的浪费

在富裕国家，浪费现象出现在生产过程中的各个阶段。光是在农产品收获期间，就有将近 30% 的水果和蔬菜被丢弃，原因是它们“长相丑陋”或个头不达标。然后是在食品加工厂:在那里，新一轮的筛选会淘汰掉大约 20% 的食物。接下来，在商店里，凡是未售出或过期的食品最终也会被扔进垃圾桶。即使是被消费者买回家的食物也不能幸免，因为统计显示，每个人平均每年要丢掉 30 千克食物，很多都是还未拆封就被丢弃了……

从田地里到餐桌上

在贫穷国家，气候往往非常炎热，而农业设备又效率低下。结果由于采摘方式不当，有时会有高达 35% 的收成直接损失在田地里。还有的会在运输过程中遭到损坏，原因是卡车速度太慢，且道路质量太差……再不然，它们还有可能在无冷藏条件的仓库里烂掉……与此同时，在非洲或亚洲等地，却有将近 10 亿人口还吃不饱饭！

宝宝的出生与白鹳的出现有联系吗①？

在欧洲，当天真的孩童询问父母自己是从哪里来的时，父母有时会解释说："你是一只白鹳送来的"。这个说法看似荒唐，但令人惊讶的是，统计结果似乎（差一点就）证明了这一点！

婴儿湖

相传很久以前，在斯特拉斯堡大教堂的下面有一个水质澄澈的湖泊。所有那些等待降世的小婴儿，他们的灵魂就在那里栖居和嬉戏。每天晚上，一个地精②都会划着一条由白银铸成的小船来到湖上，然后用金子做的网兜把一个婴儿小心翼翼地捞上来。接下来，他会把宝宝交给一只白鹳，而这只白鹳便负责把小宝贝送到幸运的家庭……

统计结果造成的误会

让我们回到现实中来看看统计数据吧：法国东部的阿尔萨斯地区素有"鹳鸟之乡"的美誉，在那里，凡是有白鹳筑巢的乡镇，其出生率都要高于平均水平。据此，我们似乎可以草率

---

① 在欧洲，人们把白鹳视为"送子鸟"。民间有传说称，白鹳落到谁家屋顶筑巢，谁家就会喜得贵子，幸福美满。

② 欧洲传说中的一种矮个儿精灵，住在土地里，守护着埋藏在地下的奇珍异宝。

地认为，这些鸟确实有助于提高生育率！但实际情况是，白鹳偏爱在农村地区筑巢，而那里的家庭普遍会比市区的家庭养育更多的孩子……因此，尽管两项统计数据表现出了相关性（二者的发展趋势相同），但它们之间却没有任何因果联系！

白鹳效应

统计学家们都熟知上述这则趣闻，他们还乐此不疲地给我们举了其他几个例子。比如，被叫去灭火的消防员越多，火灾造成的损失就会越大（因为火情本身就越严重！）。再比如，在一年中的某些时段，溺水身亡的人数会随着冰淇淋的销量增长而增加，那当然是因为天气炎热呗……最后一个例子：若某区在读幼儿园的儿童人数特别多，则该区的违法犯罪行为数量会相应增加……因为那里的年轻人口数量也相对更多！

假如把世界上所有的黄金都熔成一块，那这块金子的体积会有多大？

几千年来，大多数民族都对黄金情有独钟。埃及人和印加人向来酷爱黄金，用黄金打造出了许多精致的工艺品和首饰……黄金之所以如此珍贵，是因为它相当稀有！

世界万变，黄金永存

黄金是一种极其致密的金属：1 立方米铅重 11.35 吨，而 1 立方米黄金却重达 19.3 吨！由于该金属备受追捧且非常耐得住岁月的侵蚀，因此那些很久以前就被开采出来的黄金至今依然存世，它们主要以四种形式存在：考古物品、珠宝首饰、工业配件、金条和金币。当然，还有一些被遗失的宝藏……

体量并非如此庞大

现在要做的，是计算人类从最初到现在究竟开采出了多少黄金。大众普遍认同的数字是 16.5 万吨。也就是说，如果把世上所有的黄金都汇聚到一起，那么它们应该能被装进一个 8500 立方米的空间，该空间相当于一个边长略大于 20 米的立方体，其高度与卢浮宫金字塔相当，体积则近似于一栋 6 层的小型建筑或 2.7 个奥运会泳池！

熔了又熔

你知道人类每年要从地下开采出多少黄金吗？依赖现代技术，我们的年开采量为 2500 吨，即 120 立方米。但资源并非取之不尽，用之不竭的。据估计，在世界各地的矿山或河道里，可供开采的黄金还剩下 6 万吨……这个储备量还不够人类开采 30 年的。然而，我们对黄金的需求却是永恒的，我们要用它来打造珠宝首饰、金币或工业上使用的贵重合金。为此，我们只有一个解决方案，那就是尽可能多地循环利用黄金。嘘，小声点儿，这个精雕细刻的漂亮戒指曾是一名丑陋海盗嘴里的一颗金牙！

世界上是否存在一种比五辆大巴车连起来还长的动物?

答案是肯定的，这种动物叫作“巨纵沟纽虫”，法文里戏称其为“鞋带虫”或“缎带虫”。据说，它的身长可以达到60米，那么这种说法到底有没有事实依据呢?

地球上的古老居民

巨纵沟纽虫属于纽形动物门，是水生蠕虫的一种。这些原始的无脊椎动物是地球上已知最古老的物种之一！而鞋带虫则是这个家族的巨人，它有着光滑的身体，其厚度在2毫米到1厘米之间，颜色从绿棕色到深灰棕色不一，头部颜色略浅，身体两侧排列着10到20只低等的眼睛。

一团乱结

我们在哪里能遇见这种神奇的动物呢？从大西洋海岸到波罗的海沿岸均有鞋带虫的足迹。它们生活在石缝中，藏在缎带状的褐色海藻下面，或者栖居在海底，并且常常会把身体卷作一团。作为一种贪婪的掠食者，巨纵沟纽虫窥伺着从眼前经过的环节动物，一有机会便伸出长吻，把这些小虫整个吸进肚子里。实际上，我们发现的鞋带虫一般都只有 2 到 5 米长，身长 10 米的鞋带虫已经是相当罕见的了。既然如此，那“60 米”这个数字究竟从何而来呢？

充满争议的世界之最

一位名叫布鲁诺·威鲁蒂尼的生物学家最近就此展开了调查。那条身长号称 60 米的巨纵沟纽虫于 1864 年在苏格兰的一个海滩上搁浅死亡，继而被人发现，但它的身长只是人们的一个估计值……事实上，这位科学家认为该巨纵沟纽虫的实际长度应该在 30 米左右，相当于 3 辆大巴车的长度，其实也已经相当可观了。不过，若真是如此，那鞋带虫保持的“世界最长动物”记录就要被身长可达 33 米的蓝鲸打破了。此外，还有另一名有力的竞争者，那就是狮鬃水母。有消息称，它所具有的纤细触手可长逾 40 米，甚至是 100 米！

如果把地球看成一个足球那么大，那太阳有多大？

天文数字是如此庞大抽象，以至于我们经常会觉得没有概念。然而，只要我们利用具体的事物进行类比，就能领悟到这些数字所传达的现实意义了……

小不点与大块头

作为太阳系唯一的恒星，太阳是一个直径为 139.2 万千米的球体，约为地球直径（1.2742 万千米）的 109 倍。假如地球和一个足球一样大（直径 22 厘米），那么太阳的直径将是

24 米，相当于现有最大的热气球……更不可思议的是，太阳的内部体积可以容纳 130 万个地球！

离我们如此遥远

我们通常对太阳系有一个错误的认识，那就是把它想象成一组彼此靠近的天体。实际上，星体之间的距离非常遥远！地球和太阳之间的距离是 1.496 亿千米，按照刚才的比例尺来计算，足球应当距热气球 2579 千米（即巴黎到莫斯科的直线距离）。由此可见，地球只能接收到太阳发出的极小一部分光和热……

一切都是相对的

话说回来，太阳——我们心中的明星——它真的有那么大吗？其实完全没有！与其他大多数恒星相比，太阳这颗黄矮星简直可以用“身材娇小”来形容了。目前已知最大的恒星名叫“盾牌座 UY”，它是一颗红超巨星，距离我们有 9500 光年，相比之下，光从太阳到达地球只需大约 8 分钟的时间。此外，它的直径约是太阳直径的 1700 倍，也就是说，如果地球是一个足球，而太阳是一个热气球的话，那么盾牌座 UY 的直径至少得有……40 千米！

黑猩猩宝宝是否比人类宝宝聪明？

毫无疑问，成年人要比猴子机灵得多，但在婴幼儿时期，人类与猿类的新生儿有着极其相近的发展趋势，以至于我们有时会觉得难以置信……

哇！哇！

无论是猿还是人，只要是新生儿，都无法脱离长辈的照顾而独自生存。因此，他/它们必须设法让对方读懂自己的需求。最有效的办法是什么呢？那就是大哭一场。然而，灵长类动物学家们已经注意到，黑猩猩宝宝并不像人类宝宝那样爱哭，而且只要它们的母亲把它们抱在怀里，它们就会立刻停止哭泣。这样看来，黑猩猩宝宝似乎更擅长控制自己的行为。此外，它们还懂得用多达 16 种面部表情来进行交流，而人类的宝宝却只掌握了 12 种……

最初的肢体语言

在成长过程中，人类宝宝与猿类宝宝会自发地做出一些相同的手势，比如伸开双臂表示希望对方把自己抱起来，或把手指向自己想要的物品……可见在沟通交流方面，人类与猿类在生命之始确实有着相同的学习过程。不过，人类宝宝很快就会掌握更多肢体语言：挥手打招呼、点头摇头来表达自己的态度，或本能地做出一些猿类宝宝做不出的示意动作。

说话 vs 打手语

猿类的喉部构造使得它们无法清晰地吐字发音。然而正是依靠语言，人类儿童才培养出了表达抽象概念的能力（例如描述周围环境中不存在的一件事物），并得以在接下来的成长过程中飞速进步。不过，自 20 世纪 60 年代以来，一些研究者已经尝试过教猿类使用手语，而那些作为研究对象的大猩猩竟然成功掌握了多达 1000 种手语词汇，有的甚至更出色。它们中的一些竟能表达出类似“昨天，我很难过”的句子，这不仅证明大猩猩是有感情的，还说明它们有自我意识和时间概念……事实上，我们越了解猿类，就越道不清人与猿的区别！

一名打呼噜者发出的噪音会比工地上用的风镐还要吵吗？

“打呼噜”的学名叫“鼾症”。将近一半成年人以及十分之一的儿童在睡觉时会打呼噜。一般对打鼾者而言，打鼾对自己影响不大，但会让共寝一室的人苦不堪言，甚至变得脾气暴躁！

鼾声从何而来？

当我们入睡以后，我们的舌头及咽部软组织（如小舌）会处于放松状态。在呼吸气流进出气道的过程中，有些人的咽部软组织会发生震颤，就像一面旗帜会在风中哔哔作响一样……于是鼾声便滚滚而来了！打鼾主要是吸气时引起的，其音量可能受年龄、体重、疲劳度、酒精等因素的影响而变得更响……大多数情况下，打鼾者在入睡时几乎听不到自己的鼾声，并且在睡着以后，其大脑还会起到消音的作用！

枕头上的重型大卡

普通的鼾声轻而易举就能达到60分贝，也就是我们平时正常谈话的音量。但有些人的鼾声却要比这响得多！较响的鼾声可以超过95分贝（即一辆卡车经过时的噪音），甚至是100分贝（即一台割草机发出的噪音）！目前，世界上打鼾最响的人是一位50岁的英国妇女，她的鼾声记录为111.6分贝，相当于一间迪厅内部的嘈杂程度。据说，她的丈夫长期饱受失眠的折磨……

隔音耳罩

超过130分贝的噪音对人耳是有害的，过度接触如此强度的噪音最终会导致失聪。工地上常见的风镐能发出150分贝的噪音，工人们必须戴上隔音耳罩才可以操作使用它。说起隔音耳罩，它或许可以减轻打鼾者家属们的困扰……不过在此之前，打鼾者最好还是先咨询一下医生，因为鼾声特别响的人往往会患上“睡眠呼吸暂停综合征”，这种病若不及时治疗可能危及生命。到那个时候，恐怕就不会有人再拿这个开玩笑了！

海里的鲨鱼真的比树上的椰子更危险吗？

我们更有可能被鲨鱼咬死，还是更有可能被从天而降的椰子砸死？这个古怪的问题在网络上引起了广泛的讨论。可是，提出该疑问的人究竟有没有事实依据呢？

一连串数字

每年都会发生 60 多起鲨鱼袭击人类的事件，造成 10 余人死亡，多人受伤。佛罗里达州、夏威夷和新喀里多尼亚是袭击事件最频发的地区。然而，鲨鱼却远非世界上最危险的动物：鳄鱼每年致死 1000 人，家养犬每年致死 25000 人，蛇每年致死至少 50000 人。不过，蚊子才是人类的头号杀手：每年因感染其传播的疾病而丧命的人数超过了 700000 人！

一项奇怪的统计

关于椰子的话题，一切都是从一项在巴布亚新几内亚完成的研究开始的：在当地医院接收的急诊患者中，2.5% 的人是被从树上掉下来的水果砸伤的。要知道，一棵椰树的高度可达 30 米，而一个椰子可重达 4 千克，一个从树上坠落的椰子可以加速到 87 千米 / 时，进而砸碎人的头骨……在此基础上，有人估计：世界上每年有不少于 150 人死于类似事故。但实际上，大多数与椰树有关的事故都是采摘者不慎从树上摔下来造成的。

防患于未然

开篇的问题看似荒谬，实则发人深省。一些号召保护鲨鱼的群体应当借此进一步提醒大众：在现存的460个鲨鱼品种中，只有十几种会对人类构成威胁……而人类每年却要杀死1亿头鲨鱼！为了避免鲨鱼袭人事件的发生，相关人员正在尝试各种方案，比如在靠近沙滩附近的海底设置驱鲨电缆，以保护某些游泳区和冲浪区的游客生命安全。总之，但愿人鲨能够互不相犯，和谐共享这片海洋！

一级方程式赛车的马力相当于多少匹马的功率？

马在嘶鸣，发动机在咆哮……我们是否能将二者的力量进行比较呢？

马力与瓦特

在 18 世纪，蒸汽机的发明者之一——詹姆斯 · 瓦特——设想出了一种新的度量单位：马力。1 马力相当于一匹马每秒钟（靠滑轮）把 75 千克重的物体提高 1 米所做的功。如果转换为功率的国际单位“瓦特（W）”，那么 1 马力就等于 736 瓦特。如今，“马力”已成为汽车引擎参数的专用名词，衡量的主要是车轮输出功率的大小。

轰隆隆！

1950 年，首届世界一级方程式锦标赛的冠军——意大利车手朱塞佩·法里纳——驾驶的是一辆 370 马力的“阿尔法·罗密欧[①]”。要知道，目前的赛车发动机平均功率达到了 850 马力……当然，光靠强劲的马力是不足以赢得比赛的，因为我们还需要考虑诸多限制因素，如赛车的自重、能耗、安全性等。不过，与法国产的新车（平均功率 113 马力）相比，如今的赛车可谓动力惊人！

肆意驰骋

马的工作效率各有不同，因此我们很难计算它们的实际功率。一匹佩尔什马[②]在全力冲刺时的功率可以达到 12000 瓦（即 16 马力）！而 1 马力（736 瓦）其实更接近于一匹挽马的平均功率（前提是它每天工作不超过 6 小时）。若我们来到一级方程式锦标赛的比赛现场，那我们脑中浮现的更多的是那些纯血马[③]：这种马在疾驰时的功率估计为 5000 瓦，假设起跑线上有 23 辆赛车，其发动机的功率之和便是 20000 马力左右（将近 15000 千瓦），那可是 3000 匹纯血马齐头并发的气势。“驾——！”

---

① 阿尔法·罗密欧（Alfa Romeo）：意大利著名的轿车和跑车制造商，创建于 1910 年，总部设在米兰。

② 原产于法国佩尔什地区的一种重型挽马，主要在欧洲前工业化时代用于耕地和拉车。

③ 世界上最快也最名贵的马种，用于赛马或障碍赛马。

人一生中排出的粪便会比一头河马重吗？

排泄废物是生物所具备的一种非常自然的能力。为此，我们有理由感谢我们的肠道：是它们在日复一日地执行着一项庞大而艰巨的任务！

正常的排便节奏

世界上 2/3 的人每天排便一次。每天 3 次到每周 3 次的排便节奏均属正常范围。顺便一提，每个人的粪便直径通常是其手腕宽度的一半（至于是否属实，我们就不去验证了）。最后也是最重要的一点：现代人每日排出的粪便平均重约 150 克，这个数字从历史上来看……创下了最低纪录！

可观的排便量

在 20 世纪初的欧洲，大部分人的日常饮食主要包括 600~800 克的“黑面包”。这种面包是由带麸皮的粗面粉制成，所以当时的人们每天都要进食大量纤维……他们的日排便量达到了 300 克左右！如今，欧洲人每天只食用 120 克白面包，而蛋白质的摄入量却远超从前，这使得人均排便量减少了一半。不过在非洲等地，人们会食用大量的木薯，因此那里的人一般每天要排泄 250~450 克粪便……

惊人的数字！

每人每天排便 150 克，一年便是 54 千克。假如一个人能活到 80 岁，那他毕生的排便量可能超过 4300 千克……相当于 3 只成年雄性河马（或一头雌性大象）的重量。接下来，我们再说体积：若一吨粪便以一立方米来计算，那么一个人一生的排便量可以装满一个 4 平米左右的卫生间！巴黎居民每天产生 334 立方米的粪便，该体量可以填满一间 133 平方米的公寓……放眼整个法国，所有居民的日排便量约为 10050 立方米，需要 3 个以上的奥运会泳池才能装得下！

在做同样工作的情况下，女性的收入和男性一样高吗？

无须拐弯抹角：答案是否定的！女性的收入几乎总是低于男性，而且往往只能做一些兼职工作。下面我们就来深入探讨一下这个问题……

职场低层

众所周知，女生在学校里的学习成绩一般总比男生优异。此后的情况也不例外：在法国，31.3% 的女性拥有大学以上学历，而该比例在男性中仅为 26.4%……尽管如此，大多数女性却在从事一些低技术含量的工作或兼职工作。另外，在受雇人群中，她们也是占据了大部分职位，但在做相同工作的情况下，女性的平均工资却比男性同事低了 9%。

“玻璃天花板”现象

越往职场的高层去看，情况越糟！在那些负责领导团队的管理人员中，男性的薪资比女性高出了约 25%。此外，许多女性在职业生涯中都遇到了限制自己晋升高层的“玻璃天花板”[1]。国际劳工组织[2]的报告显示：在欧洲，仅 4 个国家的公司董事会里有超过 20% 的成员是女性。在全球范围内，各大公司的总裁中只有 5% 是女性！

一个不公平的世界

好消息是：情况正在发生转变，10 年间，在国际劳工组织研究的 90 个发达国家中，有 69 个国家的女性管理人员比例有所增加。坏消息是：以目前的进展速度，要想达到男女同工同酬的目标，恐怕还要等……170 年！发展中国家的女性处境也不理想：国家越贫穷，贫困人口中的女性比例就越高。然而，据估计：世界上 2/3 的工作量都是由女性完成的。所以男士们，你们的优越感从何而来？

①“玻璃天花板”（英语：glass ceiling）是指在企业、机关、团体中对某些群体（如女性、少数族裔）晋升到高级职位或决策层的潜在限制或障碍。
② 国际劳工组织（ILO）是一个以追求社会正义为目标的联合国专门机构，负责制定国际劳动公约以规范劳动关系以及劳动相关问题。该组织总部设于瑞士日内瓦。

有手机的人多还是家里有厕所的人多?

2013 年，联合国在一份报告中指出：全球的手机用户多过“厕所用户”。这一现状恐怕还需要一段时间才能得到改善……

一个联通的世界

自 2016 年以来就有人估计：手机通讯服务的订购数量已与人类数量（76 亿）相当。北美和西欧是手机普及度最高的地区，其次是南美洲、亚太地区和非洲。全球总计 50 亿手机用户，他们每人至少拥有一部手机。即使没有手机，有些人也可通过其他渠道用上手机。有鉴于此，全球可直接或间接使用手机的人数达 60 亿，也就是说，每 10 个人中有 8 人以上可以用手机打电话。

卫生问题

现在让我们来看看厕所的普及情况，数字非常令人震惊：全世界有 24 亿人（即 1/3 的人口）无法用上清洁的卫生设施。更糟的是，他们中有 10 亿人不得不在露天如厕。要知道，享有基础的卫生设施已被联合国认可是一项基本人权。然而，国与国之间的差距是巨大的：6 亿印度人——将近 50% 的印度人口——家里没有厕所，该数字在撒哈拉以南的非洲达到了60%，在南苏丹甚至高达90%！在这种卫生条件下，稍不注意就会引起疾病的传播，且问题还不仅仅是卫生层面的……

隐私与尴尬

在印度，很多十几岁的女孩会因为学校没有厕所而选择辍学，而成年女性则不得不等到夜晚才敢去野外如厕，而且还得冒着被骚扰和侵犯的风险……在联合国的呼吁下，一些政府终于开始关心这个问题了。当然，我们也不能忽视一些个人和组织做出的努力：例如，比尔及梅琳达·盖茨基金会[①]资助了传统旱厕的改造升级计划。未来会有人发明出一款……能够兼具厕所功能的智能手机吗？

① 简称“盖茨基金会”，创立者为微软公司创始人比尔·盖茨及其妻子梅琳达·盖茨。该基金会属非营利性质，旨在促进全球卫生和教育领域的平等。

人的睫毛数量多还是眉毛数量多？

在数百万年的进化过程中，这些细小的毛发一直长在我们脸上，因为它们都有着非常具体的作用，而且作用还不止一个哦！

额头上的两道“防护林”

刮风时，我们会不自觉地皱起眉头，于是这两簇短短的毛发就在眼睛上方形成了一道阻挡灰尘的“屏障”。此外，它们还能像堤坝那样，挡住从额头上流下来的雨水或汗水……我们每个人平均有 500 根眉毛，其寿命为 4 个月，比头发的寿命（3~7 年）要短得多。眉毛还能帮助我们表达情绪：扬起的时候表示惊讶，皱起的时候表示愤怒……有些人甚至能只动一边的眉毛！你办得到吗？

超级敏感

睫毛生长在眼睑边缘，它们就像是眼睛的“雨刷”。按照每只眼睛上下眼睑各 80 根睫毛来计算，我们每个人都有两扇分别由约 160 根睫毛组成的“纱窗”：顾名思义，其主要功能也是阻挡灰尘。此外，一有异物触及我们的睫毛时，我们就会反射性地闭上眼睛！睫毛大概每 3 个月就会脱落并再生一次，它们在人的一生中要更新 300 次以上。

眼睛眨不停

我们把眼睑开合的动作叫作“眨眼”。每隔 3 到 4 秒，我们就会眨一下眼睛。除去睡眠的 8 小时，我们每天要眨眼近 2 万次，每次持续 0.04 秒，也就是说，在我们清醒的时候，每天有 13 分钟时间眼睛是闭着的。眨眼的第一大作用是润滑、清洁和保护眼球的外表面。如果你眨眼的次数不够多，你的视线就会变得模糊……另外，眨眼还能让大脑得到片刻的休息，有助于我们重新集中精力，就好比我们读完一句话后，在读下一句之前需要停顿一下！

假设地球上只有1000个居民，其中会有多少个欧洲人？

无论我们出生在哪里，我们都在共享同一个星球……如果把地球看作一个大村庄，那这世界人口的分布情况又会如何呢？

亚洲稳居榜首

如果当今世界上只有1000个人，那将有超过一半的人（约590人）生活在亚洲，余下的人口按照数量从多到少排列依次居住在非洲（165人）、欧洲（102人）、南美洲（87人）和北美洲（51人），居住在大洋洲的还不足5人。不过，所有这些数字都只是估计值，因为每10个出生（或死亡）的人中就有4人没被登记在案……比如在巴基斯坦，那里的人口数量已经有20年没统计过了:据推测，当地人口数量在1.8亿到2.1亿之间！

疯狂的涨势

当然，这种分布现状只是暂时的，因为世界人口还在持续增长：平均每年增加8200万，也就是说：地球上每分钟就要多出156人！预计到2050年，世界总人口将达到96亿。在此期间，不同地域的人口分布状况会发生怎样的变化呢？让我们

把这个问题交给那些正在努力预测未来的人口统计学家来回答吧……

展望 2050

亚洲仍将是人口最多的大陆，未来的 1000 个地球人中将有 549 人居住在亚洲……非洲人口将增加近一倍（在 1000 人中占 248 人）。南美洲（76 人）和北美洲（46 人）的人口增速将放缓。而在美国，白种人将成为少数群体。至于欧洲，那里未来的 1000 万居民仅相当于在 1000 个地球人中的 75 人。另外，大洋洲的人口也将发生“重大”变化：还是假设全球居民为 1000 人，那里将由原先不到 5 人增加至 6 人，可谓“涨势喜人”！

人是不睡觉死得快还是不吃饭死得快?

若在饱餐一顿过后思考这样的问题，恐怕我们只会觉得这种问题很搞笑。可是你知道吗？当我们的身体进入“生存模式”时，它能够爆发出一些令人难以置信的潜力！

无休无眠的生活

264 小时（即 11 个昼夜）不睡觉——这是一名 17 岁美国青年在有医疗人员监督的情况下，于 1964 年创下的纪录。这项危险的实验只证实了一件我们早就知道的事：睡眠不足会造成人们情绪波动、注意力不集中、听力障碍……甚至可能导致死亡。无重大疾病的健康人在醒着的第 26 小时开始出现上述症状，睡眠缺失时间越长，症状越严重。不过，一些罕见疾病患者居然在重度失眠的状态下熬过了几个月……其实，真正致命的并非缺觉本身，而是缺觉引起的器官衰竭！

消融的人体

下面我们来谈谈人体如何应对无能量供给的状况：在绝食的第 1 至第 3 天，身体开始消耗其储备的葡萄糖、水分和盐分；在接下来的两周，人体会放缓新陈代谢的速度（降低心率并“溶解”肌肉和脂肪）；下一步，人体终于被迫动用其最后的储备——蛋白质。人在不进食的情况下最多可以支撑 70 天，在此过程中，其体重会下降 50%，直到死去……但前提是要有水喝！

生命之源

人体 65% 是由水构成的，我们每天大约要向体外排出 2 升液体。如果不补水的话，仅需 24 小时便开始进入脱水状态：口腔变得干燥，尿液颜色加深，血液变稠……持续不补水还会引发头痛和抽筋。当人体失去超过 15% 的水分时，就有可能陷入昏迷。天啊，赶紧去喝杯水压压惊吧！

一架空客 A380 是否比埃菲尔铁塔包含更多的零部件？

小时候，我们都喜欢搭积木。长大后，这种热情依然不减，尤其是碰到那些包含大量零部件的组装游戏时，我们难免会有完成一件工艺品杰作的冲动！

金属蕾丝

在 19 世纪，人们利用金属结构创造出了一些造型新颖大胆的建筑。当时，为了即将到来的 1889 年巴黎世博会，企业家古斯塔夫·埃菲尔以及他的工程师和建筑师们一起提出了他们的“300 米塔”方案。他们的建筑构思是这样的：4 根由格构梁架构成的支腿组成一个巨大的塔架，支腿于塔基分立支撑，并于塔顶收在一起，这需要 300 多名工人用 250 万颗铆钉把 18038 个钢铁构件组装到一起。经过两年两个月零五天的施

工，埃菲尔先生的铁塔终于准备好迎接世博会的开幕式了。这项工程绝对称得上是一项壮举！

飞翔的巨人

空中客车 A380[①]翼展达 80 米，内部分为两层，可搭载 853 名旅客，不愧为“空中巨无霸”。该机型于 2007 年完成了首次商业飞行。空客 A380 的组装车间位于法国城市图卢兹，其组装过程可谓是工业界的“拼装游戏”：机身由法国和德国制造，尾翼由西班牙制造，机翼和其中几组发动机由英国制造……有一些零部件产自比利时、意大利、荷兰等，还有的零部件甚至来自日本！

最后的赢家是……

全球总共有 150 家公司参与空客 A380 的制造。在图卢兹的组装车间，从世界各地运来的零部件全都通过人工装配而成。比如，把机翼衔接到壳体需要 1 万颗铆钉……那么，该机型究竟包含多少个零部件呢？没有人知道准确的数字，据估计，其数量在 300 万到 400 万之间……这已经远远打破了埃菲尔先生的铁塔所创下的纪录。假如他还在世，恐怕也会想试乘一次这种飞机！

① 空中客车 A380 是欧洲空中客车公司研发的双层四发动机巨型客机。

一张面值50欧元的钞票和一枚1欧元的硬币，谁的制造成本比较高？

一张纸币或一枚硬币的面值与制造它们的实际成本毫无联系，让我们以欧元为例来展开一番调查……

印钞机

“欧元区”覆盖19个欧盟成员国，使用该货币的人口超过2.4亿。不过，欧元可不是这些国家想印多少就印多少的！首先，各个国家要确定本国来年所需的货币数量……然后，欧洲中央银行对各国的申请数额进行审批后，才能向每个国家分配欧元的印刷、铸造量。就纸币而言，有16家戒备森严的印刷厂参与了欧元的印制，它们采用的都是相同的制造标准。

流通中的亿万财富

据欧洲央行统计，目前流通在市面上的欧元纸币有 194 亿张，总价值达到了 11000 亿欧元（若平均分配，欧洲居民人均可得 4583 欧元）。最常见的是面值 50 欧元的纸币，但使用频率最高的却是 20 欧元……由于纸币经常被人们拿在手里揉捏、折叠，所以其使用寿命是有限的：一般不到两年就会出现裂口。为此，我们常常需要印刷新的纸币来替换那些破旧的！例如，在 2017 年，欧洲印刷了 57 亿张纸币，总价值达 3267 亿欧元。

欧元的制造成本是……

这个秘密被守得很牢，但还是有人了解到：一张 5 欧元纸币的印刷成本……不到 5 欧分。据此，我们就可以推算其他纸币的造价：一些面值更大的纸币，其印制成本应该在 8~15 欧分之间。至于那些 1 欧分和 2 欧分的硬币，它们的造价为……3 欧分！也就是说，国家铸造这些小额硬币的价格高于其本身所代表的价值。不过，这些损失很快就在其他硬币上补回来了：一枚 1 欧元硬币的铸造成本是 8 欧分，一枚 2 欧元硬币的铸造成本是 14 欧分。一枚小额硬币的造价有时会高于一张大面值钞票的印刷成本。遗憾的是，我们不能像在“大富翁”游戏里那样去购买钞票！

所有蚯蚓加起来的总重量会超过人类吗？

一条蚯蚓的重量连一个幼儿体重的千分之一都不到！不过，俗话说：团结就是力量。如果我们把地球上所有蚯蚓的重量都加起来，那结果将是一个天文数字……

秤上的人类

让我们先从人类说起：地球上总共有76亿人，在只考虑成人的情况下，英国研究者估计人类的总重量约为2.87亿吨（其中1500万吨来自于超重人群，但这不是我们今天讨论的重点）。若把儿童也计算在内，那全人类的总重量大概会是3.7亿吨……我们可以把所有成人的体重之和与亚洲和非洲所有的大象总重量相比：后者的重量估计为220万吨，是前者的1/130。

在我们脚下

花园里随处可见的普通蚯蚓长约12厘米，重约6克。土壤越肥沃、越湿润，蚯蚓的数量越多，它们有时会藏在深达3米的地下。每平方米土壤里的蚯蚓可以多达300条，重约1.8千克。按这个标准来计算，每公顷土壤里的蚯蚓重量可达18吨！要知道，全世界的蚯蚓约有4000多种，它们大量生活在热带或温带地区的土壤里，其身长有时可达3米……

据不精确估计……

事实上，没有人能准确估算地球上蚯蚓大家族的总重量。有估计称，它们占“地面生物量”的60%。“地面生物量”是指陆地上所有活体动物的总重量，这其中既包括所有的家养牛（总重5亿吨），也包括蚂蚁——其总重与人类相当，但数量却是人类的130万倍。想到这里，不禁让人觉得有些浑身发痒！

英国女王收到的信件会比法国总统收到的多吗？

有句谚语叫“宁找阎王，不求小鬼”。受这个古老说法的启发，每天都有成百上千个公民因为各种各样的事给国家元首写信。

尊敬的总统先生……

在法国，如果你想给总统写信，那就要把信寄到这个地址：巴黎圣奥诺雷郊区街 55 号，爱丽舍宫，邮编 75008。注意，不需要贴邮票哦！不过，你的信不会直接到达总统府，而是被送到位于布朗利码头附近的总统通信部门，该部门有 90 多个工作人员负责处理来信。平均而言，每天都有 800~1000 封信件要先经过 X 射线扫描，确保其中不含危险品，然后再由专门的机器拆封并清点数量。接下来，工作人员会根据信件内容进行筛选和分类，最后把它们交给相关部门去处理……

---

① 英国女王伊丽莎白二世的爱犬名。

五花八门的来信

有些人写信是为了提出某些请求：请求参加 7 月 14 日的法国国庆游行、请求获得一项特别的优待、请求解决税务问题……还有些人是为了就某项政令表达他们的满意或不满之情……通信部门会对所有信件（除了那些带有辱骂性言语的信件）一一回复。此外，还有从全国各地发来的电子邮件：它们的数量不比纸质信件少。每一封回信在寄出之前都要由一名资深的审校员来校对，因为回信内容必须恰当中肯，并且不含任何拼写或标点错误！之后，所有信件都会被送去国家档案馆保存：未来的历史学家们一定会对这些资料感兴趣。

尊贵的女王殿下……

如果你想给英国女王写信，那就要在信封上注明以下内容：女王殿下，伦敦白金汉宫，邮编 SW1A 1AA。你不应该在信里提及政治问题，因为这不是女王所掌管的领域。她每天大约要收到 300 封来信，这些信全部由她的秘书们负责整理和回复。不过，这些秘书还是会把最诚恳的来信与女王分享，而女王偶尔也会亲自口述回信内容。举个真实的例子：一对法国夫妇给女王殿下寄去了一张自家爱犬的照片，那是一只威尔士柯基犬——女王最爱的犬种。在收到女王的专属回信后，这对夫妇把信纸裱了起来！

假如宇宙只有一岁，那么人类是在第几天出现的呢？

我们要如何才能领悟到时间的浩瀚呢？天体物理学家卡尔·萨格设想出的“宇宙日历”让抽象的时间概念一下子变得清晰具体了……而且会让我们觉得自己非常渺小！

最初的火球

宇宙至今已有大约 138 亿岁了，如果把宇宙的整个历史压缩成一年，那一天就相当于 3780 万年，而一秒就是 438 年！“大爆炸”发生在 1 月 1 日的凌晨，各个星系从 1 月 10 日起开始逐渐形成。不过，我们的银河系还要等很久才会形成目前的螺旋状外观。太阳诞生于 9 月初的一天，就在这一天，有一团熔岩即将变成未来的地球……

缓慢的进化史

9 月 11 日，在原始的海洋中出现了以细胞形式存在的生命。12 月初，第一批多细胞生物诞生了……12 月中旬，地球上出现了真正的动物——海绵动物。自此以后，一切都加快了速度：12 月 17 日，第一批甲壳类动物出现了，然后是鱼类。12 月 20 日，最早的陆生植物出现了……在圣诞前夕，昆虫、两栖动物和爬行动物依次来到了地球。

超速的演进过程

12 月 24 日，恐龙诞生了，它们在称霸地球 4 天半以后便不幸灭绝了。在这 4 天半当中，原始的哺乳动物、鸟类和花朵相继出现了……不知不觉，时间已经来到了 12 月 31 日！在将近 14 点的时候，地球上出现了大型猿类最早的祖先。到 20 点左右，“图迈①”——最古老的人属祖先——诞生了。随后在 22 点出现的是“露西②”——直立行走的南方古猿。接下来，在 23 点 48 分的时候，被称为“智人”的现代人终于问世了。在 23 点 59 分 20 秒，我们的祖先进入洞穴绘画的年代，并在几秒钟过后发明了农业。在 23 点 59 分 47 秒，人类创造了文字。紧接着，在最后的 10 秒钟里，我们从使用莎草纸③的年代一跃过渡到了网络时代！至于接下来会发生什么，那就要由我们自己去想象了……

---

① “图迈”（Toumai）又名“乍得人猿”。

② 在科学界，“露西”（Lucy）是 1974 年在埃塞俄比亚发现的南方古猿阿法种的古人类化石的代称。

③ 莎草纸是古埃及人广泛采用的书写介质，它用当时盛产于尼罗河三角洲的纸莎草的茎制成。

番茄酱 vs 芥末酱：哪种酱在世界上的消费量更大？

假如没有像酱料之类的调味品，我们的食物将会是寡淡无味的！这些酱料由香料或芳香植物制成，用来提升菜肴的风味，全世界人民都少不了它们！

红而酸甜

番茄酱（英文：ketchup）的祖先据说是“ke-tsiap”——

一种由辣椒和鱼卤制成的酱汁。这种酱汁于 18 世纪从东方引进西方，在传到美国的时候，当地人对酱料的制法做出了调整。1872 年，约翰·亨氏确定了该酱料的配方（番茄、醋、糖、盐、辣椒，以及丁香），于是有了红而酸甜、酱体浓稠的番茄酱。从此，番茄酱的配方就没有变过，只是会随地域不同出现细微的差异：美国人喜欢往里面加少许肉桂，而地中海人则喜欢往里面加一小撮芹菜……

黄而辛辣

芥末酱的原料是芥菜类蔬菜的籽，自古以来就为人们所熟悉。“芥末”的法文“moutarde”源自拉丁文“mustum ardens”，意思是“灼烧的辣味”。我们在世界各国可以找到五花八门的芥末酱。在法国，著名的第戎芥末是用磨成粉的芥末籽与酸酸的青葡萄汁混合制成的。但也有一些配方会往芥末酱里掺入糖、蜂蜜、葡萄酒、牛奶……印度是世界上芥末产量最高的国家，那里的人们会把芥末籽放到油锅里炒香，然后与其他香料混合，制成美味的咖喱料理。

金牌酱料

仅仅亨氏番茄酱每年在全球的销量就要达到 6.5 亿瓶，即每秒可以售出 7 千克。不过，芥末似乎更受欢迎：其每年在全球的销量竟有 60 万吨（即每秒售出 19 千克芥末籽，若以成品酱料的重量来计算，则销量更加可观）。由此可见，芥末是继盐和胡椒之后，世界上消费量最大的调料。近年来，番茄酱的销量甚至被蛋黄酱超越了！

我们分泌的唾液需要多久才能装满一个浴缸？

这种问题乍一听难免会让人感到有些恶心。然而，流口水对人体而言是再正常不过的事了！

浴缸与唾液

一只浴缸能盛多少水？普通大小的浴缸容量为 150 升。值得一提的是，冲一个澡仅消耗 60~80 升水，所以淋浴显然更省水……但不论我们是喜欢淋浴还是盆浴，在打肥皂或搓澡时，都常常会情不自禁地大声唱起歌来！这时候，我们就该感谢我们的唾液了，它绝对是话痨们不可缺少的好朋友：唾液能够润滑口腔黏膜以及牙齿表面，从而让说话成为一件轻而易举的事……

金律玉液

唾液在帮助消化方面也起着至关重要的作用：它会与嚼碎的食物混合到一起，将其“捆绑”成一个个“食团”，令其自然而然地滑入食道。不仅如此，唾液产生的化学作用能起到预消化的功能，使食物更容易被吸收。另外，唾液还能调节口腔酸度，中和酸性物质对牙齿的冲击，并帮助牙釉质恢复活力！

唾液横流

唾液的分泌速度为 0.5 毫升 / 分钟，在用餐过程中，其分泌量会增加 10 倍。假设一顿饭持续 30 分钟，那口腔分泌的唾液量就相当于半罐可乐（150 毫升）。总体来看，我们平均每天分泌 1 升唾液，但分泌量会随个人或外界因素的变化而发生改变：我们站着或躺着的时候会比坐着的时候分泌更多唾液；冬天的分泌量多于夏天；而在夜间睡眠时，分泌量会变得很少。如果用一只浴缸来装一个人的唾液，那不到 6 个月的时间浴缸就满了。换句话说，在我们一生中分泌的唾液可以装满大约 200 只浴缸……在此，我们就不去计算一头牛的口水可以装满多少只浴缸了，因为它每天要分泌 65 升，简直完胜人类。嗞溜（吸口水声）！

英语 vs 法语：哪种语言拥有更多的词汇？

几个世纪以来，这两种语言时常会互相借用彼此的词汇，同时也在引进其他语言里的一些词汇……那么，我们究竟能否数清每种语言里所包含的单词数量呢？

数不清的单词

一个词要到何种程度才算属于一种语言？比如在法语中，单词“shampooing”（洗发水）直接来自于印地语，而单词“accord é on”（手风琴）直接来自于德语。再说说复合词，例如词组“chemin de fer”（铁路），我们应该把它算作一个新词，还是看成现有词汇的组合？还有缩略语、俚语、专业术语，这些词汇要不要统计呢？事实上，如果要把一种语言在所有领域、所有时代以及所有等级的词汇都考虑进来的话，那我们是无法准确衡量这种语言的词汇总量的！

词典大比拼

要了解哪种语言的词汇量更大，其实有一个简单的方法：把收录词汇最完整的英语词典和法语词典拿出来作比较。《利特雷法语词典》收录了大约 13.6 万个法语单词，而《牛津英语大词典》则收录了 20 万个英语单词。尽管英语里有大量的外来词，但“莎士比亚的语言”仍是世界上创造词汇（尤其是技术领域的词汇）最多的一门语言。因此，我们应该实事求是地承认：英语比法语拥有更大的词汇量。可是，在这么多的单词中，到底有多少是现实生活中的实用词汇呢？

效率至上

一个 10 岁的孩子——不论其母语是什么——大概知道 6000 个词汇。假如这个孩子将来变得非常有学识的话，那他最多能掌握大概 30000 个词汇……然而，在日常生活中，一个普通成人所要用到的词汇几乎不超过 3000 个……不过，在英国人、法国人，甚至是西班牙人或中国人之间有一个共同点，那就是每个国家的人都深信自己国家的语言是世界上最美丽、最丰富的语言！

“泰坦尼克号”是否比现代的大型客轮要小得多？

“泰坦尼克号”的悲剧造就了这条史上最有名的客轮，但若要将其与现代的大型客轮作比较，那谁的体量会更胜一筹呢？

当年的巨人

1912 年 4 月 10 日，“泰坦尼克号”从英国出发，开始了跨越大西洋的首次航行。当时的民众对其 269 米长的船身赞叹不已，要知道，这个长度几乎赶上埃菲尔铁塔的高度（300 米）了，埃菲尔铁塔可是当时最高的建筑！船身宽 29 米，共有 10 层甲板，4 根大烟囱令船体从海平面上拔起的高度达到

了 45 米。这条豪华巨轮最多可容纳 3500 名乘客，不过在首航时“仅”搭载了 2200 人（1300 位乘客及 900 名乘务人员）……

漂浮的城市

“海洋和谐号”全长 362 米，比加了天线的埃菲尔铁塔还要高出 40 米，船身宽 66 米，其烟囱的海拔高度达到了 72 米。这条巨型游轮拥有 18 层甲板，总计 2700 个客舱，可以容纳 6360 名乘客。如果加上乘务组的 2100 多名工作人员，载客总量便达到了 8500 人，堪比一个欧洲小城市的人口数！游轮上除了配有 23 个游泳池和温水池，还有一个包含 12000 株花草灌木的中央公园……该船于 2016 年进行了首航。

命运的讽刺

1912 年 4 月 15 日，“泰坦尼克号”的沉没夺去了约 1500 人的生命，造成这一灾难性后果的主要原因竟是船上没有足够的救生艇……自此以后，法律对救生艇的携带数量作出了新的规定！如今，位于海底 3000 多米处的沉船残骸很快就要彻底消失了：作为昔日的巨人，“泰坦尼克号”船体的数千吨钢铁正在被一群……长约 0.001 毫米的微小细菌无情地蚕食着！

世界上存在眼睛比篮球还大的动物吗？

答案是肯定的！不过，人类目前对这双眼睛的主人所知甚少，因为还没有人在其居住的深海里遇见过它……

傻傻分不清

大王酸浆鱿是世界上最大的无脊椎动物，栖居在南极海域深达 2000 米的冰冷海水中，当地的渔船有时会意外捕获到它们。目前已知最大的一条被捕获于 2007 年，其长度为 10 米，重量达 495 千克。不过，有些个体的长度（包括触手在内）可以超过 14 米……比大王乌贼至少长 1 米，而且大王乌贼在宽度和重量上也要比大王酸浆鱿略逊一筹。尽管这二者在体形上有相似之处，但却分属两个不同的物种。

眼珠与眼球

人们把捕获的巨型大王酸浆鱿冷冻了起来，并于次年将其送到实验室里去接受研究。该样本的眼球保存完好，其直径为 27 厘米，比一只篮球的直径还要长 3 厘米。大王酸浆鱿的眼球是现在已知动物界中最大的，处于遥遥领先的地位！相比之下，蓝鲸（哺乳动物界的巨无霸）的眼球直径为 15 厘米（相当于一只大个的甜瓜），马的眼球直径为 5.5 厘米（比一只网球的直径小 1 厘米），而人类眼球的平均直径只有 2.5 厘米，重量仅为 7~8 克！

靠视觉躲避天敌

在深海的黑暗环境中，大王酸浆鱿可以凭借自己的大眼睛敏锐地察觉到微型浮游生物发出的微光。当海水流动时，这种微光会发生变化：小心，这可能说明它的致命天敌——抹香鲸——正在朝它靠近……有时候，大王酸浆鱿能在 400 米以外就感知到敌人的动静，这很有利于它们及时避险……但也不总是那么幸运，因为人们在抹香鲸的胃里常常能发现大量这种鱿鱼的嘴喙！

世界上出生的女宝宝和男宝宝数量一样多吗？

很多人可能会认为：一名妇女生男生女的概率是一半一半的。然而，现实并不像抛硬币游戏那么简单……

自然比例

真实数据相当令人惊讶：地球上每诞生 100 个女宝宝，就会同时有约 105 个男宝宝出生，没有人能解释这是为什么。实际上，科学家们甚至认为：在受孕过程中，每当有 100 个受精卵发育成女宝宝时，就会有 120 个受精卵发育成男宝宝。但由于雄性胚胎相对更脆弱，所以更容易导致流产。结果是，世界各地的所有种群中，男女宝宝的出生比例基本相同。

情势逆转

更令人惊讶的是，男女比例居然会在宝宝们出生的几年之后自动恢复平衡。第一个原因是，男宝宝在年幼时患病夭折的风险比女宝宝略高；第二个原因是，小男孩更容易成为意外事故的受害者。当同一批出生的男女宝宝长到 20 岁时，这种“自然选择”便将男女比例拉回了平衡状态，而也在这时他们恰巧步入了适宜生育的阶段！再后来，男女比例还会发生逆转：鉴于女性的平均寿命比男性更长（在欧洲，女性和男性的平均寿命分别为 83.3 岁和 77.8 岁），所以女性的数量最终会超过男性。例如，在法国人口中，男女所占比例分别为 48.5% 和 51.5%。

被牺牲的无辜生命

在印度、中国和东欧的某些地区，每当有 100 个女宝宝出生时，就会有多达 130 个男宝宝出生，这一点都不符合自然规律。产生这种现象的原因是，那里的人们觉得男孩更“金贵”：男孩能够继承土地、延续香火……结果是：一个怀上女孩的孕妇有时会（在家人的逼迫下）选择人工流产！这种丑恶的性别歧视现象其实是一颗定时炸弹，因为数以百万计的男青年将来都会为找不到结婚对象而发愁，而这最终会影响到整个社会的安定与和谐！

一辈子的时间够不够我们大声地从一数到十亿？

有些人需要数羊才能睡着……假如要从一数到十亿的话，那最难的事情恐怕是不让自己睡着！

从一数到一千

1、2、3……当我们玩捉迷藏时，我们会大声数数，但不会数太久。幸好是这样！因为开始的数字都很短：在吐字清楚的情况下，从 1 快速数到 50 只需 15 秒，但从 51 数到 100 需要 40 秒。再往下数的话，数字就变得越来越长了：数到 1000 大概需要 15 分钟，而且等数到的时候，我们已经觉得有点累了……

数到一百万

从理论上讲，如果我们读每个数字需要 2 秒的话，那么在不吃不睡、不休不眠的情况下，从一数到一百万需要 23 天的时间……可是在现实生活中，我们该如何验证这条理论的真伪呢？当然是试着数数看呀！美国小伙杰里米・哈珀就扎扎实实地数了一遍，他这么做是为了替一个残障人士协会募集捐款。这位小伙日复一日地在网络上直播自己数数，每天都要大声地数大约 16 个小时，任由自己的胡子疯长……从 2007 年 6 月 18 日到 9 月 4 日，为了数到一百万，他花了整整 89 天，这几乎是理论上所需时间的 4 倍。

数到十亿

从一数到十亿——目前还没有人敢挑战。想知道为什么吗？我们只需要简单地计算一下：将美国小伙杰里米・哈珀所用的时间乘以 1000，就得到了 89000 天，换言之，从一数到十亿从理论上讲需要超过 243 年。然而，实际所需的时间还要在此基础上增加至少 20%，这样我们才有时间读出像“七亿八千八百九十七万七千一百六十一”这么复杂的数字，所以最终的估计用时应该为 292 年！这么漫长的时间，即使是一台机器人，也已经生锈了……

假如世界上所有的冰都融化了，那么海平面会上升多少？

这个问题非常严肃：既然全球变暖主要是人类活动引起的，那我们就必须积极地寻找解决方案，才能不被自己闯的祸淹死！

薄薄的浮冰层

两种冰体会有消融的危险。首先是浮冰（冬季时漂浮在极地海域上的冰块），其厚度不超过 15 米。根据阿基米德原理：冰块融化成水后，其体积恰好等于原先冰块排开水的体积。也就是说，如果有一块冰融化在装水的杯子里，杯中的水位不会发生变化。同理，浮冰消融也不会使得海平面上升。假如融化的是那些厚达几千米且覆盖广大地区的冰盖，后果就大不相同了……

被炙烤的冰盖

据估计，地球上的冰盖总体积超过 3000 万立方千米，其中南极大陆占 92%，格陵兰岛占 7%，高海拔冰川占 1%。地球上的海洋面积为 3.57 亿平方千米。如果所有冰盖都融化的话，每平方千米海洋上就要多出 0.084 立方千米水，也就是说：海平面会上升 84 米。与此同时，地球表面的平均温度也

将从现在的 14℃升高到 26℃，这会使地球上的大面积地区因为气候太热而变得不适宜人类居住。

后果不堪设想

假如真的发生这样的状况，那像纽约、东京、伦敦或加尔各答等许多大城市都将被淹没。不过在此之前，人类还有更紧迫的事要操心……有 8 亿人生活在海拔不到 10 米的海岸上。到 21 世纪末，海平面就有可能升高 1 米，而这已经足以使海岸遭受侵蚀，甚至使某些岛屿完全消失……

一个国家可能比一个公园还小吗？

答案是肯定的，因为有些国家在世界地图上看起来就如同节日里抛撒的彩纸屑一般渺小……让我们按照从大到小的顺序去寻访一下世界上最小的 5 个国家吧！

太平洋岛国

图瓦卢群岛由 9 个岛屿组成，总面积为 26 平方千米。其中最大的一个岛屿——富纳富提岛——长 12 千米，宽 400 米，岛上人口占图瓦卢人口（12200 人）的一半。图瓦卢是一个独立的国家，同时也是英联邦成员国。但问题是，该岛国的海拔最高点不超过 5 米：海平面的不断上涨很可能使之在 21 世纪结束前就消失在这个地球上……瑙鲁也在面临同样的危机：这个面积为 21.3 平方千米的岛国也地处太平洋，而且只有 9200 个居民，是世界上最小的共和国！

公国和教皇国

摩纳哥公国的居民数量为37300人，占地面积仅2.02平方千米，比纽约的中央公园（3.41平方千米）小了近一半。这个城邦国家位于法兰西共和国境内，自1297年建国以来经历了许多风风雨雨……但至今仍保持独立。比摩纳哥还小的国家是梵蒂冈：仅有居民921人，占地0.44平方千米，相当于61个足球场的面积！自1929年以来，梵蒂冈一直由教皇统治，其教皇卫队也被视为“世界上最小的军队”，该军队仅由110人组成。

微国家

西兰公国的领土之小、人口之少打破了所有国家的记录：它是一座建于1942年的海上堡垒，距英国海岸约10千米，后被废弃。二战退役老兵罗伊·贝茨在经过一番打听之后，发现并没有法律禁止公民占有该堡垒。于是，他在1966年搬去定居，并自封为君主。此后，他的儿子作为接班人，还在继续统治着这个人口……常常不足5人的国家！

手指甲长得比脚趾甲快吗？

我们的指（趾）甲是从远古祖先的尖甲退化而来的，它们有很多用处……在生活中，我们的脚趾甲似乎不像手指甲那样经常需要修剪，这究竟是事实还是我们的一种错觉呢？

了如指掌

我们的指甲能够增强手指触觉的敏感性，还能便于我们挟取一些细小的物体……成年人的指甲平均长约 1.5 厘米，另有 30% 的长度隐藏在甲基质（负责指甲生长的部分）。如毛发或头发一样，我们的指甲是由角蛋白组成的：它是一种纤维状蛋白，可以柔软可以坚硬，组成指甲的角蛋白就特别坚硬……再来谈谈指甲的厚度：手指甲的平均厚度约为 0.75 毫米，而脚趾甲的平均厚度约为 1 毫米！

生长速度

新生儿的指甲需要 7 周左右才能长到与手指边缘齐平。接下来，宝宝的指甲会以平均每天 0.1~0.15 毫米的速度继续生长，即每月长 3~4.5 毫米。有一个有趣的细节：我们惯用的一只手的指甲会比另一只手的指甲长得略快，也就是说，如果你习惯用右手，那么你的右手指甲会长得更快一些……较手指甲而言，脚趾甲的生长速度慢了很多，每月长约 1.5 毫米。为什么会这样呢？我们目前还不是很清楚，但这可能是足部血流量较低、足部细胞所得营养较少造成的。

奇葩记录

平均而言，手指甲完全更新一次需要 3~6 个月，而脚趾甲则需要 12~18 个月。假如一个人活到 80 岁，那他的指甲就要更新多达 3200 次……如果我们一直不去修剪指甲，那么它们当然会不断地生长下去，并最终弯曲成一种怪异的旋涡状。来自印度浦那的男子什里达尔·奇拉尔已经有 60 年没剪左手的指甲了，其中拇指的指甲最长，几乎有 2 米。他希望在自己去世后，把长指甲捐献给博物馆展出。如果你对此感兴趣，不妨到时候去现场瞧瞧……

地球上的牛比猪更多吗？

地球上畜禽的数量比人的数量要多得多，那么每种动物所占的比例分别是多少呢？

啊，这么多牛！

欧盟有5.12亿居民，饲养了约8800万头牛。法国占了其中的1900万头，是欧盟养牛数量最多的国家，其中法国的克勒兹省以43.6万头的数量独占鳌头，相当于当地居民人均拥有3.63头牛！全球范围内饲养的牛共计14亿头，光在印度就有1.9亿头。印度有80%的人信仰印度教，而对印度教徒来说，牛是一种神圣的动物。不过，印度之所以成为世界上养牛数量最多的国家，还有另外一个原因，那就是：该国居民对牛奶有着强烈的需求。

哦，那么多猪！

整个欧洲饲养了大约1.48亿头猪，超过了牛的饲养量。德国排名第一（2800万头），其次是西班牙。法国的布列塔尼地区共饲养了740万头猪，相当于当地居民人均拥有2.28头。但若放眼全球，牛的饲养量便会重新占据领先地位，因为全世界的生猪养殖量“仅”为9.8亿头，其中有一半在中国。这一点都不令人诧异：出于宗教原因，非洲和中东地区的人几乎从不养猪。

一地鸡毛

然而，鸡才是最后的“赢家”，全球饲养量总计196亿只，远远超过了其他畜禽！鸡的养殖在世界各地都相当普及，因为鸡所需的饲养条件相对简单：在鸡舍附近不一定要有牧场。养殖密度最大的国家为中国、巴基斯坦、印度以及欧洲各国。值得一提的是，尽管发达国家对肉类的需求量正在稳步下降，但在全球范围内仍将继续增长：据联合国估计，世界人民对肉类的需求量在2010年到2030年间将增长73%，与此同时对牛奶的需求量也将增长58%。

我们的反应速度有电流的传输速度快吗？

答案是否定的：神经冲动的传导速度要慢得多……然而，只有通过它们，我们才能闻到一支玫瑰的香味，或被一个笑话逗乐！

自由电子

电是什么？让我们以一条铜线为例：铜是由原子构成的，而原子本身是由原子核和绕核旋转的电子组成的。这些电子中有一些被称为“自由电子”，它们能在外界能量的刺激下从一个原子运动到另一个原子。当我们打开开关时，电路中会形成一种波，这时，所有自由电子都会活跃起来，但它们的移动幅度很小，每次大概只移动几分之一毫米，一小时的运动距离累计起来也才几厘米。不过，这个数字并不能代表电流的速度……

如同海浪一般

海上掀起的波浪其实并没有真正地移动海水：在海浪经过的过程中，海水只会上升或下降，但海浪的传播速度却很快！电流也是如此：电子的移动幅度很小，但穿过它们的电磁波却在全速前进。要知道，电流在铜线中的传输速度高达 27.3

万千米/秒！

神经冲动的传导

人体要对外界的刺激作出反应，就需要感觉器官（皮肤、眼睛、耳朵……）发出神经冲动。神经冲动会沿着神经系统，以电信号的形式从一个细胞传递到另一个细胞，直至传到大脑。但由于人体不是一个良好的导体，因此神经冲动的传导速度要比电流慢得多……最快只能达到100米/秒。也就是说，如果我们的手不慎触碰到一个滚烫的物体，那我们将需要80毫秒的时间才能作出将手挪开的反应。就这会儿工夫，电流已经在铜线里穿梭了2.2万千米！

地震释放的能量会有一枚原子弹爆炸那么强吗？

无论地震还是原子弹爆炸，都会释放出巨大的能量。为了比较二者的威力，我们通常会使用一种特殊的计量单位——TNT 当量，以便了解所测能量相当于多少吨 TNT 炸药爆炸时释放的能量。

最具杀伤性的武器

1945 年 8 月 6 日，美国军方在日本的广岛市上空投下了第一枚原子弹，其威力相当于 1.5 万吨 TNT 当量：距爆炸中心 12 千米以内的建筑物全部被摧毁，死亡人数超过 14 万。然而，

世界上威力最惊人的炸弹是由俄罗斯人于1960年在北极新地岛的核试验场引爆的，其释放的能量达到了57兆吨TNT当量，是广岛原子弹爆炸当量的4000倍。

地壳运动

地震是由地壳板块的相互碰撞引起的。这些板块以每个世纪若干米的速度移动着，其间积蓄了巨大的压力或张力，当这些能量突然被释放出来时，就形成了地震。地震的强度叫作“震级”，其级数是按照“里氏震级”的标准来划分的：范围从0到9，每升高一级，其对应的能量就要扩大30倍。广岛原子弹的爆炸当量大概相当于一次6级地震，而2011年在日本发生的9级大地震则相当于3万枚同类型炸弹同时在深达24千米的地下爆炸！

天外来客

火山爆发的威力可能会超过一枚核弹。据记载，人类历史上规模最大的一次火山爆发于1883年发生在喀拉喀托火山（所在地：印度尼西亚），其产生的能量相当于1.3万枚原子弹。至于那颗在6500万年前坠落地球并导致恐龙灭绝的陨石，其释放的能量相当于同时引爆了50亿枚原子弹！幸好在可预见的未来，人类不会遭遇如此大规模的灾难……

人类每天要吃掉多大面积的比萨？

比萨是全世界最流行的美食之一。假如有人不喜欢带菠萝的“夏威夷比萨”，那他或许会爱上日式的“蛋黄酱比萨”！

从比萨饼到足球场

全球最能吃比萨的人群在美国：平均每人每年要吃掉 13 千克比萨。法国排名第二：平均每人每年吃掉 10 千克比萨。令人意想不到的是，意大利仅排名第三：平均每人每年吃掉 5 千克比萨。其次是德国：人均年消耗量为 4 千克……据估计，全球人口每年要吃掉300亿个比萨。一个比萨的平均直径为35厘米（表面积：0.096平方米），以此为标准来计算，人类每年吃掉的比萨总面积为2880平方千米，几乎是巴黎市面积的30倍。具体到每一天，人类消耗的比萨达7.89平方千米，相当于1100个足球场的面积！

妈妈咪呀[①]！

2012年，一个厨师团队在意大利的罗马烹制出了世界上最大的圆形比萨，该比萨的直径为40米（表面积：1256平方米），重达25吨。2016年，一百多名厨师在意大利的那不勒斯烤出了世界上最长的比萨，该比萨长达1858米，宽60厘米。如果你住在洛杉矶，那你可以在点外卖时订一份边长1.37米（1.88平方米）的方形比萨，这种比萨可供50~70人享用，一定会令你的朋友们惊叹不已。对了，别忘了给（勇气可嘉的）送餐员付小费哦！

美味的邂逅

最原始的比萨出现在古希腊时代：其外形有点像普罗旺斯香草面包[②]，人们用植物香料和大蒜来调味，并在面饼上淋上橄榄油，然后直接放到烧热的石头上烤熟。自从新大陆的番茄被引进欧洲以后，一切都改变了。第一个“现代版”的比萨于1738年诞生在那不勒斯的一家比萨店，这家餐馆至今仍在营业。此后，比萨由意大利移民传入美国，并成了深受当地人青睐的经典美食：每八个美国人中就有一个人在今天吃过或即将吃比萨。

① 意大利语"Mamamia"的音译，本意是“我的妈妈”，用于表达惊叹，相当于汉语“我的妈呀！”。

② 一种表皮有嚼劲、面包芯厚而绵软的扁平面包，由白色或灰褐色的面粉、酵母和橄榄油做成。表面常会装饰有洋葱、油橄榄、油渍鳀鱼、肥猪肉丁。

教育 VS 军事：人类在哪方面的投资更高？

我们幻想着未来在这个世界上，书籍可以取代枪支……但在这一天到来之前，每个国家都必须保障其公民的安全，并维护每位公民受教育的权利。那么，人类每天要在这两项事业上花费多少钱呢？

震耳欲聋的枪炮声

2016 年的全球军费开支达到了 1.422 万亿欧元，若以各国的国内生产总值（GDP）来衡量人类创造的财富，则这笔支出占到了人类所创造财富的 2.25%。军费开支最高的国家是美国，其每年为每位公民支出的国防费用约为 1610 欧元。第二位是中国：尽管其人均国防开支“仅”115 欧元，但其人口数量庞大……在欧盟国家，该费用为人均 381 欧元，即每天为每位居民支出大约 1 欧元。

嘎吱作响的铅笔

据联合国教科文组织称，公共教育支出占全球 GDP 总量的 4.70%，是军费开支的两倍有余。在发达国家，政府平均每年为每个小学生花费 6400 欧元，为每个中学生花费超过 8000 欧元。鉴于每个学年有 185 天课（此处仍是一个平均值），因

此发达国家每天为每个中学生花费43欧元。假设一个班级有25个学生，那这个班级一天就要花费国家1080欧元！

我们可以做得更好

所有这些数字都不该让我们忘记一个悲伤的现实：尽管联合国成员国2007年在巴黎召开的会议上承诺全力阻止招募和使用童兵，但世界上仍有20多个国家（如阿富汗、苏丹、缅甸等）在雇佣童兵参加武装冲突。若让一个孩子在枪不离手的环境中成长，那几乎等于毁掉了他的人生……

如果地球的重力发生改变，那我们的世界会变成什么样？

虽然我们每个人都是不一样的个体，但我们的身体都无一例外地适应了地球的物理定律……试想一下，若该定律发生变化，我们还会是今天的模样吗？

普遍法则

根据万有引力定律，一颗行星会把质量比自己小的物体（或生物）吸引过来……我们的重量大小正是由这种引力来决定的。如果一个人在地球上称得的体重是 75 千克（地球半径为 6371 千米），那此人在冥王星（半径为 1180 千米的矮行星）上的体重将只有 6 千克，而在木星（半径达 7 万千米的巨行星）上的体重却会达到 190 千克……那么，这两种不同的重力条件分别会对生物产生怎样的影响呢？

一个如此轻盈的世界

假如地球变得比现在小很多，那么地心引力也会随之减小。可以想象：在这种情况下，各种植物都会长得很高，茎秆或树干都会变得更细。同理，动物和人类也会长得很高大，骨骼会变得更轻盈。此外，我们的动作会变得更加敏捷，但反应速度却会稍慢一些……再来谈谈鸟类：气压降低会迫使它们更频繁地拍打翅膀，以弥补空气浮力的不足。还有人认为，地球上的山脉会变得高大无比，就像火星上的山脉一样，能达到2万米，甚至更高……

生命中不可承受之重

相反地，假如地球变得比现在更大，那么地势起伏会变得更平缓，地貌形态会变得更柔和。植物会长得矮矮胖胖，厚叶植物会贴着地面生长，树木也高不过几米……人类和动物的体型会变得矮小粗壮，骨骼会增厚，肌肉也更发达。即使是很小的一个动作，都会消耗我们大量的能量。在这样的重力环境下，我们恐怕会更喜欢整天无所事事地在水里泡着，就像河马一样……而这其实未必是一种令人向往的生活！

人的头发是否比蜘蛛丝更结实？

一般来讲，每个人平均有 10 万到 15 万根头发。让我们随意拔下一根，然后透过放大镜仔细地研究一番。哎哟！

头发的世界

头发的直径在 40~100 微米（千分之一毫米）之间，因年

龄和人种的差异而不同。尽管每根头发看起来都很纤细，但它们却比你想象得要强壮。一个典型的欧洲人，其单根头发可以承受 60~110 克的重量。亚洲人的头发更结实，每根头发最多可承重 160 克。非洲人的头发则相对脆弱，单根头发的承重极限在 60 克左右。但无论是哪个人种的头发，在断裂之前都会被拉长，因为头发是有弹性的：一根头发在干燥的情况下可被拉伸至其自身长度的 130%，在潮湿的情况下最多可延展至其原来长度的 200%！

实验室的抗拉试验

为了测试一种材料的结实程度，我们会计算其“抗拉强度”，即该材料在断裂之前，单位面积所能承受的最大拉力，单位为“兆帕”（MPa）。头发（抗拉强度：190 兆帕）比尼龙（抗拉强度：100 兆帕）结实得多，但却比不上钢丝（抗拉强度：500 兆帕），更不及蜘蛛丝（抗拉强度通常超过 1000 兆帕）——动物界中最强韧的纤维。尽管如此，蜘蛛丝的结实程度还是要比“凯夫拉”逊色许多：“凯夫拉”是一种用于制造防弹背心的合成纤维，俗称“防火纤维”，其抗拉强度高达 3000 兆帕，是蜘蛛丝的 3 倍！

千钧一发

现在，让我们来探讨一下整头头发（重约 100~250 克）的承重极限。从理论上讲，一个人的所有头发总共可以承受 10~12 吨的重量！但前提是这些头发已脱离头皮，因为头皮根本无法承受这样的重量。说到这里，不得不提及一位印度裔的英国奇女子，她名叫阿莎·拉尼：这位女子用自己的发辫拉动了……一辆双层公交车，车上当时还载着 32 个人！她也因此创下了世界纪录。

世界上是否存在跟苍蝇一样小的青蛙？

一只家蝇的体长在 5~8 毫米之间，为了将它与其他微型动物进行比较，我们可以拿自己的指甲作量尺（指甲的平均长度为 1.5 厘米），并想象每种动物停在我们指甲上时所占的长度……

最小的脊椎动物

生活在马达加斯加的迷你变色龙（拉丁学名：Brookesia micra）于 2007 年被科学家们发现，它是目前已知最小的爬行动物。该变色龙的幼崽体长约 1 厘米，成年个体的长度也仅有 3 厘米左右！自 2012 年以来，生活在新几内亚的阿马乌童蛙（拉丁学名：Paedophryne amauensis）与迷你变色龙共同成为了“世界最小脊椎动物”的纪录保持者：这种蛙的平均体长仅有 7.7 毫米，还不及一只大个儿的苍蝇！那么，我们如何才能发现这些小家伙呢？告诉你一个小窍门：在发情期，雄性的阿马乌童蛙会发出一种类似昆虫的鸣叫声……

迷你鱼

现在，让我们潜到水下去瞧一瞧。无论在海水还是淡水水域里，我们都能找到几种体长不到 1 厘米的小鱼。胖婴鱼（拉丁学名: Schindleria brevipinguis）是一种眼睛硕大、全身透明的小鱼，它生活在澳大利亚的蜥蜴岛附近。这种鱼身长 7.7 毫米，与其他几个物种并列世界最小的脊椎动物!

裸眼视界

我们用肉眼可以分辨的最小昆虫是弹尾虫（拉丁学名: Collembola），这种昆虫的体长约为 0.2 毫米，早在 4 亿年前就生存在地球上了，比恐龙还要早许多! 我们在花盆里就能找到这种虫子: 它们的身体很白，腹部下方有一种类似弹簧的结构可以帮助它们弹跳，以逃避危险。不过，世界上最小的昆虫其实是寄生黄蜂（拉丁学名: Caraphractus cinctus）: 它身长仅 0.17 毫米，约为跳蚤身长的 1/10……地球上能够独立生长繁殖的最小生命体是细菌: 我们必须将其放大至少 1 万倍，它才能达到句末这个句号的大小。

云霄飞车的速度是否有一级方程式赛车快？

世界各地的游乐场都在竞相引进惊险刺激的游乐设施。可是不论谁，哪怕资深的 F1 赛车手，在乘坐世界最快的过山车时，也会不由得牢牢抓住座椅的扶手！

要的就是速度

全世界速度最快的游乐项目是位于阿布扎比的“罗萨方程式”(Formula Rossa) 过山车。该设施坐落在当地的法拉利主题公园内，其设计理念正是为了模拟……一级方程式锦标赛的出发现场。这款过山车配有一个 20800 马力的发射系统，最高速度可达 240 千米 / 时。意大利的蒙扎赛道是速度最快的 F1 赛道，飞驰其上的赛车平均速度在 230 千米 / 时左右，峰值可达 365 千米 / 时……官方记录的最高速度为 369.6 千米 / 时，该记

录是由安东尼奥·皮佐尼亚创造的。

紧贴椅背

在速度峰值方面，F1 赛车显然遥遥领先，但在加速度方面，情况又如何呢？“罗萨方程式”过山车的发射系统能使其车厢在 1.9 秒内加速至 100 千米 / 时……目前性能最好的赛车都需要 2.3 秒才能达到相同时速，所以在加速度方面，过山车要略胜一筹，这也令所有试坐过这款过山车的赛车手们惊艳不已！苏黎世联邦理工学院的学生们打造出了一辆全球加速最快的电动汽车：这辆车从 0 千米 / 时加速到 100 千米 / 时仅需 1.51 秒，创造了新的世界纪录。

玩的就是心跳

自 2014 年以来，全球最高的游乐设施是一台叫作“大怒神：末日坠落”（Zumanjaro：Drop of Doom）的跳楼机：它高达 126 米，位于美国新泽西州的一个游乐园内，有胆量的游客可以乘坐它体验速度高达 144 千米 / 时的自由落体运动……在落地前，跳楼机会让游客经历一个平缓的减速过程。与之相比，F1 赛车手在减速时所承受的压迫力要大得多：他们光是从油门踏板上抬起脚，就足以造成一种普通汽车急刹车的感觉。总之，驾驶赛车可不像乘坐游乐设施，仅仅买票是不够的……

婴儿的骨头数量比成人多吗？

答案是肯定的。婴儿的骨头比较软，在成长发育的过程中，有些骨头会接合起来，然后变硬，并最终形成一副坚实的骨架。有了健硕的体格，我们将能去到任何我们想去的地方！

脱胎换骨

首先开始接合的是组成脊柱、尾骨和骨盆的小骨。例如，脊柱末端的四个椎骨会粘连在一起，形成尾骨……与此同时，囟门会闭合。在婴儿颅骨的柔软区域，有一些未合缝的地方，这些缝隙便叫作“囟门”，其存在是为了令胎儿的头部在母体分娩时有伸缩的余地，便于从狭窄的产道通过，囟门连接的颅骨最终会粘连起来，形成脑颅。在幼儿的整个成长过程中，骨头接合的现象会陆续发生：最后接合的是组成锁骨的骨头，它们要等孩子长到 18~20 岁时才会合并起来！这也解释了为什么儿童的骨骼更加脆弱，但其修复速度却比成人快得多。

17 千克骨骼

一个成年人的骨骼重约 17 千克。有趣的是，一小部分人成年以后，手、脚、颈椎等部位会比常人多出一块或若干块骨头。人体最长的骨头是股骨（大腿骨）：一个身高 1.80 米的人，其股骨的平均长度为 50 厘米。此外，股骨还非常结实：假如把构成股骨的材质换成水泥，那它所能承受的压力将仅为原来的 1/4！

人骨拼图

新生儿的骨头多达 305 块，而其父母却通常只有 206 块。这是因为婴儿的骨骼还没有发育完整，构成其骨骼的“零件”还只是一些厚厚的软骨，尚未完全骨化。在出生以后的头几周里，这些软骨便开始相互合并，而骨头的数量也将因此逐步减少……

人脑是否比电脑发达？

从前，我们曾将大脑的运作方式比作时钟的齿轮运转。如今，我们却觉得人脑更接近于一台电脑：每个时代都有属于自己的科技，但不管怎么说，这个复杂的器官绝不仅仅是一台机器！

晶体管与神经元

一台功能强大的计算机，其芯片包含 70 亿个晶体管。然而，晶体管不过是一个打开或关闭的开关，即组成二进制代码的“0”和“1”，人脑则包含多达 1000 亿个神经元。此外，与彼此独立运行的晶体管不同，每个神经元都通过 1000 到 10000 个突触连接到其他神经元，以传递神经冲动……

人脑的记忆力

大脑的神奇之处就在于，它能够通过保持神经元之间的连接来存储记忆。要知道，单个神经元可以属于非常多的群组……而可能存在的群组数量几乎是无限的！事实上，我们很难去准确量化大脑的记忆容量，因为我们不具备这方面的工具。物理学家罗杰·彭罗斯甚至认为，神经元之间存在一种“无线”连接。至于该理论是否真实，我们可能要等到 21 世纪末才能有答案了！

未来电脑的发展方向

尽管一台超级计算机每秒能够执行数万万亿个命令，但它却需要 40 分钟才能模拟人脑所经历的 1 秒钟。且不谈电脑难以模仿人类的思维，毕竟我们的思维天马行空、变幻莫测……人脑还具备一些电脑不具备的优势：能耗低、结构异常紧凑，还有（一定的）自我修复能力，简直是生物演化的奇迹……不过，纵使大脑有这么多非凡才能，却仍阻止不了有些人去做蠢事！

城市 vs 农村：哪里的居民人数更多？

城乡人口数量于 2008 年发生了转变：在这一年里，城市居民人数首次在历史上超过了农村居民。自此以后，城市化进程还在进一步加快！

① 法语里有种固定表达叫“挤得像沙丁鱼罐头一样”，形容拥挤不堪的场面。

农村人口外迁

2017 年，世界上有 55% 的人口居住在城市，该比例在 2050 年可能会增加到 70% 以上。城市人口激增的现象主要是经济增长的结果：大批农村劳动力被吸引到大城市去打工求职。比如在中国，如今居住在偏远乡村里的大都是老人和孩子，因为青壮年都到城市里去工作了……

巨型都市

与之相伴的另一个现象是：所有城市和城镇都呈向外扩张的趋势，它们“吞噬”着周边的乡村，形成了规模庞大的巨型都市。2017 年，全球人口最多的城市是东京（4270 万）、重庆（3048 万）、雅加达（3035 万）和德里（2640 万），其次是上海、孟买、卡拉奇、首尔、马尼拉、纽约……自 20 世纪 90 年代以来，全球新建了近 700 个城市，这些城市的人口总数超过了 2.5 亿！

人山人海

在这种双重增长的势头下，95% 的城市新增人口来自于发展中国家（尤其是亚洲和非洲的发展中国家）。目前，印度是农村人口最多的国家，不过到 2050 年，在全球新增的城市人口中，将有超过 1/3 的人居住在印度。据估计，像印度孟买这样的城市每天都会吸引约 1500 名农村居民来安家落户……然而，这些怀抱希望和梦想的新市民却往往得面对蜗居棚户区的残酷现实！

人类最先发明的究竟是火柴还是打火机？

很久很久以前，人们靠什么来生火或点蜡烛呢？其实，打火机和火柴在古代就有了，只是那时它们的外形还不像我们现在看到的样子……

火镰

火镰已经有 2000 年的历史了，在不到一个世纪以前仍在被使用！人们把它收纳在皮套里，并装在口袋里随身携带。火镰的主件是一个镰刀形状的小钢条：人们用它撞击火石来产生火星，继而引燃一根火绒芯（一种高度易燃的材料），这样就得到了隐隐燃烧的火种。紧接着，人们再用得到的火种去点燃一种原始的“火柴”，即一根末端涂有硫黄的小棍。小棍烧着以后，火才算生好了。

一“擦”而就

英国化学家约翰·沃克于 1827 年发明了现代火柴：使用者只需将火柴头朝着任何粗糙的表面轻轻一划，便能产生火焰！自 1832 年起，第一批火柴进入了消费市场……其缺点是：过分晃动火柴盒很容易引起火柴自燃。到了 1844 年，“安全火柴”终于问世了：这种火柴需要用一种特制的擦火片才能被点

着。如今我们能买到的火柴仍在沿用这样的设计。

薪火传万家

早在 1823 年，德国科学家德贝莱纳就研制出了世界上第一个化学打火机，其原理是利用酸与锌的反应来制造氢气（一种易燃气体）……这种取火方法既复杂又昂贵，在当时并未引起多大反响。到了 19 世纪末，“打火石”（一种在机械摩擦时能产生大量火花的人造合金）的出现改写了人工取火的历史。与此同时，砂轮作为必不可少的打火机配件也应运而生，陆续出现在了汽油打火机、充气打火机上……如今，全球每年要售出 70 亿个打火机，平均每秒就要售出 220 个！

恐龙蛋比鸵鸟蛋更大吗？

——头体型巨大的恐龙抬起头时的高度堪比一座七层高的楼房。既然这样，那恐龙蛋是不是和汽车一样大呢？其实不是，因为蛋体的大小受到一些物理因素的限制。

鸟中巨无霸

鸵鸟是现存鸟类中体型最大的。雄性鸵鸟可高达 2.80 米，重达 150 千克；而雌性鸵鸟的身高则一般不超过 1.90 米，重约 90 千克，当然，这在鸟类当中已经很可观了。鸵鸟蛋的长度可达 20 厘米，直径可达 15 厘米，重约 1.8 千克，相当于 30 个大鸡蛋的分量……不过，地球上存在过一种体型比鸵鸟大得多的鸟类——它们是曾经生活在马达加斯加的“象鸟”（拉丁学名：Aepyornis）。这种鸟在很多年前就已经消失了，它们的高度超过 3 米，体重达到 450 千克左右。象鸟蛋可长达 30 厘米，直径达 21 厘米，重约 10 千克！

体积受限

尽管恐龙体型庞大，但恐龙蛋却很可能没有象鸟蛋大，因为一枚蛋的体积越大，其蛋壳就必须越坚硬，才能承受住外界的冲击……然而，如果蛋壳太厚，胚胎将无法摄取到足够的氧气，这就是为什么恐龙蛋的长度一般都在 10~20 厘米之间。韩国的古生物学家曾在其国土上发现了一枚长度达 41 厘米的恐龙蛋化石，这是人类迄今为止发现的最大恐龙蛋，不过，这枚蛋的直径却只有 12 厘米。

新的假设

从体积来看，鸵鸟蛋和恐龙蛋几乎不相上下。别小看这个发现，这其中很可能隐藏着更深层的原因……基于最近的几项研究成果，许多科学家都认为：恐龙其实并没有在 6500 万年前真正消失——我们周围的鸟类（包括鸡）都是恐龙的直系后代。假如真是这样，那我们在超市里买到的一打一打的鸡蛋可就是如假包换的……恐龙蛋呀！

我们的皮肤表面寄生着更多的细菌还是螨虫？

任何人在照镜子的时候……其实都在面对着自己脸上的一群微生物，因为我们的身体里寄居着许多不请自来的“客人”！

螨虫部落

每个人的家里都藏着数百万只螨虫：它们酷爱聚居在床垫、枕头或毛绒玩具里，因为那里有它们享之不尽的美餐——人类的毛发和死皮。但由于螨虫的身长平均只有 0.15 毫米，所以我们很难用肉眼看到它们！另有两种螨虫与我们更加“亲密”：毛囊蠕形螨生活在人的汗毛和头发根部，而皮脂蠕形螨则更爱住在那些负责分泌皮脂的腺体内……总之，每个人的脸上都有螨虫，而且其数量会随着人的年龄增长而增加。知道了这些以后，你还敢亲吻爷爷奶奶的脸颊吗？

细菌部队

其实，除罕见的感染病例外，这些微生物对人类的健康并不构成任何威胁……而且与人类体表的细菌数量相比，螨虫的数量简直可以忽略不计：从婴儿出生的那一刻起，我们的皮肤就被细菌占领了。一个成年人体表寄生的细菌有近 200 种，总数平均可达……一万亿个，即每平方厘米的皮肤上就有数百万个细菌。由此可见，二者在数量上差距巨大：螨虫部落根本不是细菌部队的对手！

人类的益友

细菌通常寄居在人体潮湿的部位（腋窝、腹股沟、鼻孔、眼睑……），它们能消化掉那些本可能被病原体吸收的食物，既而把觅不到食的病原体赶出人体！此外，它们还能吞下那些被螨虫及皮肤菌群的其他成员（如微型真菌、寄生虫等）所抛弃的废物。读到这里，你可千万别惊慌：细菌的存在是很正常的，即使你用除菌皂或滚烫的水来清洁皮肤也无济于事，相反，这么做只会损伤皮肤，并让皮肤变得过分干燥！

睡觉时消耗的卡路里有看电视时多吗？

我们的身体时时刻刻都需要能量：它不仅要维持呼吸和心跳，还要确保大脑的正常运作……即使在我们收看一档无聊的电视节目时也不例外！

基础代谢

1 卡路里（cal）是指在 1 个大气压下，将 1 克水升高 1℃ 所需要的热量。鉴于“卡路里”这个度量单位太小了，因此在衡量人体摄取或消耗的能量时，我们一般采用单位“千卡”（kcal）：1 千卡等于 1000 卡路里。为了计算一个人的能量需求，我们首先要测定“基础代谢”，即一个人在 24 小时内维持肌体生命活动所需要的最低能量。这个数值会因个体间身高、体重、性别等方面的差异而有所不同。平均而言，一个人每小时至少消耗 60 千卡热量，即每天所需的最低能量为 1440 千卡。

清醒模式

如果按我们一晚上睡8个小时算的话，那会消耗将近500千卡的热量，这些热量足以将5升水从0℃加热到100℃！一旦我们醒来，即使并没有怎么活动，身体也会开始提升能量需求：当我们坐在办公桌前或靠在沙发上看电视时，每小时大约消耗100千卡热量。因此，针对开篇的提问，答案是否定的：与睡着时相比，我们在醒着的时候需要“燃烧”更多的卡路里！

高能耗模式

一个人在弹钢琴时消耗的能量为130千卡/小时，在正常走路时消耗的能量为180千卡/小时，在工地上劳动时消耗的能量为240千卡/小时，在打网球时消耗的能量为420千卡/小时，在全力冲刺时消耗的能量为1400千卡/小时……要计算一个人的日常能量需求，我们就必须在其基础代谢的数值上，加上每项活动所需的能量。一般而言，我们的身体是知道自己需要多少能量的，所以它会促使我们在每餐摄取与日常活动相适应的热量……我们要做的是学会倾听身体的需求，并且绝不久坐在电视机前猛吃薯片！

我们可以在航空母舰的甲板上踢足球吗？

航空母舰是所有战舰中体型最庞大的。当它驶近一个国家的海岸时，有时只需亮亮相便足以平息冲突！

宽阔的飞行甲板

一个足球场长 105 米，宽 68 米，面积为 7140 平方米。再来看看航母：目前全球最大的航母是美国的十艘“尼米兹”级核动力航母，长 333 米，宽 77 米，飞行甲板的面积达到了 18000 平方米，相当于 2.5 个足球场的大小。要在该航母的甲板上踢一场球赛，简直绰绰有余……不过得小心别把球踢到海里去！

疾速起降

航母上的跑道长度有限，不足以让舰载机以传统的方式起飞或降落。为此，甲板上配备了弹射器来辅助舰载机起飞，这令其能在 2 秒内从 0 千米 / 时加速到 266 千米 / 时！在降落时，舰载机尾部会伸出一个向下的钩子，钩住横跨甲板的钢制阻拦索，这令其也能在 2 秒内从 240 千米 / 时减速到 0 千米 / 时……在航母的甲板下面有一个 6600 平方米的停机库：面积相当于一个足球场的大小，可以存放多达 60 架战斗机！

球赛人员与舰母舰员

一场足球比赛包括 22 名球员和 14 名替补球员，再加上教练、工作人员、裁判和司线员，球场内外总共有 60 人左右。一艘航空母舰上除 3200 名水兵外，还有 2500 名航空兵！为与之进一步进行比较，我们再举一个足球方面的例子：欧洲最大的体育场（巴塞罗那的诺坎普球场）可容纳 99000 名观众，这个数字是上述舰员人数的 17 倍……然而，球场虽大，却不能像航母一样漂浮在水上！

法语文本中的字母“E”多还是字母“A”多？

为了找到答案，我们多希望书里的字母能像字母形状的意大利面一样：只需使劲晃动一下书本，这些字母就能自己掉出来，然后我们再耐心地对字母进行归类清点……不过，幸好我们还有其他办法！

统计方法

玩过纵横拼字游戏的人都知道：经常出现的字母只值 1

分，而不常用的字母最多值 10 分……那么，究竟该如何衡量一个字母在一种语言中的使用频率呢？假如以一本字典为参考标准，那我们统计到的字母“S”数量肯定偏少，因为字典里的词汇都是以单数形式列出的。假如一本小说里的主人公名叫“Zachary”，那我们统计到的字母“Z”和“Y”的数量则会比一般情况下偏多！有鉴于此，研究人员选用了各类文学段落和报刊文章作为参考文本，并计算出了每个字母出现频率的平均值。

高频字母

在任何语境下，字母“E ”在法语文本中的使用频率在 14.7% 到 17.2% 之间，这几乎是频率第二高字母的两倍：排名第二的字母时而是“S”，时而是“A”，它们的出现频率都在 8% 左右……若我们把观察范围扩大到排在前 10 名的字母，三项不同的研究得出的结论分别是（按使用频率由高到低排列）：EAISNRTOLU, EASINTRLUO 和 EIASRNTOUL。这些排序结果看似三个无法发音的单词，而且彼此都非常接近。为了能够方便记忆这些高频字母，你可以记住“TSARINE”（沙皇皇后）这个法语单词，因为它涵盖了排名最靠前的 7 个字母，只不过没有将它们按照名次顺序来排列。

放眼欧洲

字母“E”在欧洲各国很多语言中也是最受欢迎的：它的使用率在荷兰语中接近 18%，在德语中为 16%，在西班牙语中为 13%，在英语或意大利语中为 12%。但字母“A”也不甘示弱，其使用率在以下几种语言中都位居榜首：葡萄牙语（15%）、土耳其语（13%）、芬兰语（12%）、波兰语或冰岛语（10%）。不论说哪种语言，当一个人的脚趾不小心撞到家具时，通常都会情不自禁地喊出该元音字母：法国人喊“Aïe”，德国人喊“Autsch”，英国人喊“Ah”，芬兰人喊“Ai”。

1升香水是否比1升墨水贵？

这类问题是制造商们最不愿提及的，因为他们得防止顾客了解到某些产品的实际价格。若是让这些消费者知道实情，他们一定会不乐意的！

梦幻与现实

香水让人联想到的是一个画面、一种感觉、一次奢侈的消费体验……更具体地说，香水是一种“浓缩液”：它是由一系列芳香物质（如琥珀、麝香、香根草等）汇集到一起后，再稀释到蒸馏水和酒精的混合液里而得到的产品。一瓶 100 毫升的高级香水售价为 120 欧元（即 1200 欧元 / 升），其中 30 欧元用来打广告，香水瓶及包装的成本为 3 欧元，而商品本身的价值……才 2 欧元出头一点点！

昂贵的色彩

油墨的主要成分是具有一定黏性的树脂，人们在其中加入化学染料和添加剂来增强油墨的色彩。以瓶装形式出售的高端钢笔墨水，其每升的售价可以高达 200 欧元；若以墨囊[①]形式出售，则每升的价格可以攀升到 300 欧元。不过，这还远远比

① 墨囊是装有墨水的管子，直接插在笔里盖上盖子就能用，虽然使用起来很方便，但性价比不是很高，墨水用完之后就丢弃。

不上喷墨打印机的墨盒价格：有些墨盒的容量只有 3.5 毫升，但售价却要 15 欧元，即每升墨水的价格不低于 4200 欧元！

虚假促销

香水的价格虽然虚高，但仍在可以理解的范围内。相比之下，某些打印机制造商的盈利手段则被一些消费者组织认定为是一种欺诈行为。为了倾销更多的墨盒，他们在几年内大幅缩小了墨盒的容量：例如，有些墨盒的规格从原来的 16 毫升缩小到了现在的 3.5 毫升，但其单价却维持不变。与此同时，这些商家还推出了价格更高的 7 毫升“超大容量”墨盒……如今的营销套路真是无所不用其极，竟敢如此明目张胆地糊弄消费者！

蓝鲸的叫声是否比大象的叫声更响？

动物发出叫声总有它们的目的：有时是为了提醒同类避险，有时是为了呼叫同伴，有时是为了标记自己的领地，也有时是为了震慑猎物……

海洋"好声音"

我们经常听到有人说"蓝鲸是地球上叫声最响的动物"。事实上，它们发出的长啸声可持续 10 到 30 秒，最高可达 188 分贝，比飞机起飞时发出的噪音还要响。这种啸叫声的频率很低，在水中可以传播数百千米……不过，抹香鲸发出的叫声其实更响，最高可接近 230 分贝！与蓝鲸的长啸声不同，抹香鲸发出的是一连串尖锐而短促的"嗒嗒"声，每次叫声的持续时间不到千分之一秒。

陆地上最响的叫声

一名歌剧演唱家的歌声可以达到100分贝，该音量与吼猴的叫声相当：这种猴生活在南美洲，其吼声可以传到10千米远的地方……大象在兴奋或生气的时候会发出响亮的叫声，但你可能不知道的是：它们的声带还能发出一种强大的次声波，响度可达120分贝，可以通过地面传播。由于这种叫声的频率太低，所以人耳无法听到。不过，如果大象发出次声时，有人正好站在附近，那他将能毫不夸张地感觉到自己的身体在颤抖！

奇特的音乐会

不需要声带，也能发出声音！雄性蝼蛄靠摩擦翅膀来发声，它们还会挖出一种喇叭形的洞穴来起到扩大音量的效果。在距离地面1米处，它们的“歌声”响度能达到90分贝，与一台吸尘器发出的噪音不相上下！若把体型因素也考虑进来，那么雄性划蝽绝对是“小不点也有大嗓门”的最佳典范：这种昆虫的体长仅2毫米，但发出的声音却能达到100分贝……另外，它们的“歌唱”方式也很特殊：竟然是用外生殖器摩擦褶皱的腹部来发音的！

我们每年吞下的昆虫多还是灰尘多？

谁在骑自行车的时候没有意外吞下过小飞虫？我们的嘴巴和鼻子就像两扇敞开的大门……哪怕是对这些不速之客也不例外！

现代轶事

在网络上，我们偶尔会读到一些这样的说法：人在睡眠时会无意识地吞下爬到自己嘴里的蜘蛛。每个人误吞的蜘蛛数量不尽相同：平均每年 3~12 只，一生中要吞下 70 只……那么，这些数字究竟是从哪里得来的呢？据了解，这一切源自一位名叫丽莎·霍尔斯特的女记者所开的玩笑：为了证明人们有多容易相信和传播谣言，她故意编造出了这样一则假新闻来误导读者！实际上，一个人不慎吞下蜘蛛的概率微乎其微，因为蜘蛛对热量和振动都非常敏感，面对人类这样的巨人之躯，它们宁可躲得远远的……

那些年，我们嚼过的昆虫

话说，误吞蜜蜂或胡蜂的事倒是真实发生过，而且后果可能会很严重……不过，其他大多数昆虫对人类都是无害的，并且很快就会被我们的胃液消化掉。其实，我们在不知情的情况下，每年都要吞下约500克昆虫：它们以残留物的形式存在于我们的食品（如面粉或巧克力）中。要知道，在一根巧克力棒里就包含多达6个微小的昆虫残体。咔嚓咔嚓（咀嚼声）！

喝风吃土

有这样一种说法：人在一生中摄入体内的尘土达50千克。这个数字听起来很夸张，可我们在每一次呼吸时，确实都要吸入一点灰尘（所以我们吃掉的灰尘比误吞的昆虫要多得多！）……幸好人体具备若干个"过滤器"：鼻子能够阻挡住最大的尘埃颗粒，而较小的颗粒则会附着到支气管表面的黏膜上。结果是：进入人体的灰尘会通过鼻孔或喉咙被排出体外，或者被吞进胃里。不过，你大可不必为此担心，毕竟在"女娲造人"的传说中，连我们人类的身体都是用泥土做的。

猫 vs 狗：哪种动物在地球上的数量更多？

人类在 15000 年前驯服了狗，在 9000 前驯服了猫。自那以后，这些小家伙又作为宠物，反过来“降伏”了人类……不出所料，它们的数量也在与我们的人口数量齐头并进！

因地而异

南美洲的居民最爱养宠物：在阿根廷和墨西哥，80% 的家庭饲养了至少一只宠物；该比例在巴西为 75%；俄罗斯（73%）和美国（70%）紧随其后。在欧盟国家中，法国位列榜首：有宠物的家庭占到了 65%。然而在亚洲，宠物饲养率却明显偏低：即使是排名第一的日本，该比例也只有 37%……在非洲，尽管我们还无法统计到精确的数字，但当地饲养宠物的家庭比例似乎更低。

在数量上获胜的是……

若将现有数据相加，我们可以得出：全球共有犬类 5.4 亿只（数量略多于欧盟人口）。猫的统计则更加复杂：其数量估计至少有 2.5 亿，但也可能超过 6 亿，因为它们中有很多是流浪猫。由此可见，我们根本无法判定哪种动物的数量更多！即使是在那些养狗比较多的国家，猫的数量也有可能占上风，因为很多人会领养好几只猫……

爱你不惜倾尽所有！

宠物饲料生产商精准地把握着市场动态。法国最新数据显示，国内猫咪数量为 1350 万，狗的数量为 730 万。美国共计 9500 万只猫和 8900 万只狗，其背后所隐藏的是高达 500 亿美元的市场价值：每只宠物平均每年可以带来 270 美元的利润。值得一提的是：在美国，36% 的狗主人从不忘给自己家的狗宝贝送生日礼物！

世界上存在和蚁穴一样大的蘑菇吗？

这个问题其实并不像听起来那样奇怪，因为蚂蚁和蘑菇有个共同点：它们都在我们的脚下筑起了令人难以置信的庞大网络……

沉甸甸的收获

全球各地的报纸媒体都酷爱刊登一些人们采摘到巨型蘑菇的照片。生长在非洲西部的“大鸡枞菌”（拉丁学名：Termitomyces titanicus）是目前已知最大的菌类之一，这种菌的高度约 1 米，直径有时会超过 1 米：从外表来看，与其说是一

颗蘑菇，倒不如说是一把遮阳伞！世界上最重的蘑菇要数新西兰的“牛肝菌”或欧洲的“马勃”，它们的重量可以超过 25 千克……然而，更令人叹为观止的，是菌类所占领的地下王国！

隐形的巨人

在美国俄勒冈州的山区，人们在秋季可以看到一簇簇蜂蜜色的蘑菇在林间丛生，这种蘑菇名叫“蜜环菌”（拉丁学名：Armillaria mellea）。奇怪的是，生长在其周围的树木都相继死去了……为了解开这个谜团，一位女科学家展开了调查。在 1998 年，她发现这些树的死因大都源于同一株古老的蜜环菌：它利用自己的丝状体（称为“根状菌索”）深入到了地下并四处蔓延，以便从朽木或活树的根上获取营养。这株蜜环菌占地至少 965 公顷，相当于 1300 多个足球场的面积！它的年龄估计在 2400 岁左右，是地球上已知的最大生物。

最具侵略性的蚂蚁

同一种群的蚂蚁有时会将它们的巢穴连接起来，形成一个庞大的蚁群社会。阿根廷蚁（拉丁学名：Linepithema humile）就是一个典型的例子。在 20 世纪初，人们在阿尔卑斯山地区偶然发现了这种蚂蚁。自那以后，这批阿根廷蚁一直在不断地扩大自己的领地。到了 2018 年，这个“蚂蚁帝国”已包含数百万个蚁穴，其势力范围从意大利经法国南部一直延伸到西班牙，长达 6000 千米。这是包括人类在内地球上最庞大的动物合作群体！

女人真的比男人啰嗦吗？

人们往往会有这样一种根深蒂固的印象：女人总爱叽叽喳喳，而男人却一向沉默内敛……那么，我们每天究竟要说多少话呢？

说话速率

不管男人还是女人，其说话速率首先取决于所使用的语言。例如，西班牙人平均每秒说出的音节数量比英国人多26%，比中国人甚至要多50%。然而，西班牙人叙述事件的速度其实并不比其他国家的人更快！因为一种语言包含的音节越少，其含义就越深刻。所以说，不论使用哪种语言，我们表达信息的速率基本都是一样的。

各有各的节奏

生活中有的人说话快，也有的人说话慢……在广播里或电视上，新闻记者的说话速率为平均每分钟200个词，这与我们平时谈话的速度相当。当一个人每分钟说出超过 240 个词时，其话语的流畅度就开始下降了。要想说得更快，那可就不是一般人能办到的了。谈到说法语最快的人，就不得不提艺名叫“高大病体”的说唱诗音乐人格兰·科尔普斯·马莱德（Grand Corps Malade），他能够在 14 秒内说出 106 个法语单词！

打破谣言

网络上有一些文章称，男人平均每天只说 7000 个词，而女人平均每天却要说 20000 个！其实，这些数字毫无事实依据……一项更正式的研究在分析了大量录音样本后得出，女人平均每天说 16215 个词，而男人平均每天说 15669 个。可见，男女在说话多少方面并无太大的差异。结论：我们每人每天大约要说 15000 个词，该数字随我们的文化背景或受教育程度而有所浮动，与我们的性别并无直接关系。所以说，别忘了我们身边那些话少的女人和啰唆的男人！

我们的筑路速度能赶上一辆汽车的行驶速度吗？

在动画片里，我们偶尔会看到一条新的道路会像地毯铺开一样迅速建成……其实，即使是在现实世界中，将筑路速度与汽车行驶速度作比较也不一定是件荒谬的事！

公路密度不均

在 2017 年，世界公路的总里程数大约为 3600 万千米。假如这些公路在地球表面均匀分布的话，那将没有人住在距公路 4 千米以外的地方。当然，这与现实情况相去甚远！有些公路网非常密集，例如在比利时，每平方千米的土地上平均筑有公路 4.89 千米；日本的公路密度也很高，每平方千米国土拥有 3.18 千米公路。法国公路网的平均密度为 1.8 千米 / 平方千米，而美国则为 0.7 千米 / 平方千米……苏丹的公路密度还不到 0.004 千米 / 平方千米！

公路建设逐年加快

几个世纪甚至是几千年以来，有些道路一直保持着原来的轨迹，而有些则是从无到有被人们新开凿出来的。据估计：到 2050 年，全球公路的总里程数将接近 6000 万千米，即每年都要新修建 70 万千米（筑路国家主要是一些发展中国家），将这个筑路速度再具体一点，也就是 1900 千米 / 天，即 80 千米 / 小时：这可是一辆汽车以中高速行驶的速度！

对生态环境的冲击

我们现在面临的问题是，新建道路可能会对生态环境造成严重的破坏。比如，在热带雨林地区，砍树开路的行为会让阳光直射进树林，致使周围的植被干枯甚至死亡。与此同时，毁坏野生森林和过度开采矿产资源所造成的破坏就更不用说了……理想的做法是遵循一定的规则和规划：一个国际研究团队绘制出了一幅对环境影响最小的世界交通线路图。可是，会有人听取他们的建议吗？

风力发电机的风轮是否有直升机的主旋翼大?

风力发电机是利用风的推力来产生电力，而直升机是利用引擎的驱动力来推动空气……作为旁观者，我们大家在面对这两个庞然大物时，总是不由得屏住呼吸并肃然起敬!

重型直升机

人们在20世纪初就设计研发出了直升机。然而，一直等到功率够大的发动机问世时，直升机才得以真正地征服蓝天……自1983年以来，米尔莫斯科直升机工厂陆续推出了以“米-26直升机”(俄语: Ми-26)为代表的米系列直升机。“米-26直升机”是当今世界上仍在服役的最重、最大的直升机:空重28吨，最大起飞重量为56吨，与9头大象的体重相当。主旋翼有8个叶片，其直径达32米，堪比3头大象的身长。

绿色能源

风力发电机的祖先是旧时的风车。2017年，当时全球最大的风力发电机——“维斯塔斯V164”——被安装在了英国海岸附近的海域上。它的名字其实就道明了其风轮的直径: 164米，这是“米-26直升机”的主旋翼直径的5倍多!该发电机的风轮由3个巨型叶片组成，每个叶片长80米，重35吨:在旋转时，风轮扫过的总面积超过21000平方米，即将近3个足球场的大小……

展望未来

出于一些物理因素的限制，人类似乎不太可能在未来造出比现在大很多的直升机。不过，关于如何造出更大的风力发电机，研究仍在继续，因为海拔越高，风力越强。到 2025 年，人类计划制造出一台代号为“SUMR50”的风力发电机，这种发电机的风轮将只有两个叶片（目前还在研发中），其塔架高度将达到 306 米（和埃菲尔铁塔一样高），风轮直径将超过 400 米（“米 -26 直升机”的主旋翼直径的 12 倍）。像其他巨型风力发电机一样，“SUMR50”也将在海上安家落户。工作人员可以进到发电机的机舱内，不过得乘坐直升机才能降落到机舱罩上！

一棵美洲杉的重量是其种子的多少倍？

把一个树种握在手心里是一件平凡却又不可思议的事：在这样一个渺小的事物中，竟然已秘密而周详地设定好了一个庞大生物的诞生！

擎天柱

美洲杉分为两个品种，它们都属于针

叶树家族，这些树在 3 亿多年前就在地球上出现了，它们是第一批用种子来繁殖的植物……和松树一样，美洲杉的树干从底部到顶部一路笔直，虽侧生出许多树枝，却从不分岔。“海岸红杉”（拉丁学名：Sequoia sempervirens）是两个品种中较大的一种：在 2006 年，人们在美国加利福尼亚州发现了一棵高达 115.5 米的红杉标本。这棵树的绰号叫“亥伯龙神”，是世界上现存最高的树木。出于保护当地生态的考虑，该树所在的精确位置对公众保密！

万木之王

美洲杉的另一个品种叫“巨杉”（拉丁学名：Sequoiadendron giganteum），这个名字多多少少具有误导性，因为巨杉最高“只”能长到 95 米。然而，它的体积却更庞大：世界上最粗的一棵巨杉绰号叫“谢尔曼将军”，它高约 83 米，树围最宽处达 34 米，其体积估计有 1487 立方米，重量可达 1256 吨（如果算上树根，其重量甚至可以达到 2100 吨）……

树王的种子

针叶树的种子藏在球果中，球果成熟后，其鳞片便会打开。这时，轻盈的种子便可以随风四散到各处，再落地生根……我们在市面上只要花几欧元就能买到一包美洲杉的种子，每包的重量约为 1 克，里面大约包含 200 粒种子。也就是说，每粒种子的重量大概是 0.005 克。若想赶上一颗美洲杉的重量，那得要……4200 亿粒种子——假如把这些种子分给地球上的人，则每人可以分得 60 粒！要是你哪天心血来潮想要种一棵美洲杉，那可得把它种在离建筑物至少 20 米开外的地方。另外，你还必须具有过人的耐心，因为美洲杉一般能活 3000 年以上！

此时此刻，在天上飞的人多还是火烈鸟多？

就在一个多世纪以前，人们会觉得问出这个问题的人一定是疯子。而如今，人类学会了借用一双金属翅膀，与鸟儿并肩翱翔：乘飞机旅行已成为一件司空见惯的事……

天路

在互联网上，我们可以通过好几家网站实时跟踪全球各地的航班动态。当你看到这一幕时，一定也会觉得很有趣：在一张世界地图上，成千上万架飞机像蚂蚁一样沿着各自的航线一点一点前行……当然，它们之间其实相隔甚远。空中交通最密集的几个点分别是美国、欧洲和亚洲。与之相比，南美洲和非洲的天空要平静多了！

空中飞人

截至 2017 年，全球约有 26000 架客机在役，有些飞机一天要周转好几次，因为世界上的航空公司每天需确保为旅客提供超过 10 万次航班。当然，交通量会随季节、日期和时间的不同而有所变化，不过就在你跟踪这些航班的时候，空中大约有 2000 到 10000 架客机在同时航行。如果要计算一个平均值的话，那就意味着目前有近 50 万名乘客正在体验“空中飞人”的感觉！

火烈鸟航空公司

全球（欧洲、非洲和亚洲）的火烈鸟数量估计为 60 万只，我们无法确定它们每日有多少时间在空中飞行，但鉴于这类大型鸟会花大部分时间在水里捕食小虾，所以应该很少会有超过 5 万只火烈鸟同时翱翔天际，该数量还不到空中旅客的 1/10……然而，他们中却有至少 25% 的人称自己在坐飞机时非常紧张，真正该紧张的难道不是那些火烈鸟么！？

---

① 在生活中，我们一般能看到交警、环卫工人或非机动车驾驶员穿着这种马甲，其荧光条在光线照射下会反射出耀眼的荧光，能提醒驾驶员主动避让。

野生鱼 vs 养殖鱼：我们吃哪种鱼比较多？

你盘里的这块三文鱼，它的主人也许并不曾逆流而上、自由骄傲……事实上，这条鱼之前很可能被圈养在渔场，而且恐怕是被人用饲料催肥的！

日趋下降的捕获量

要想了解人类每年在海洋里捕获的野生鱼数量并不容易：我们不仅得把官方记录的数字累计起来，还得加上私人垂钓、沿海渔业，甚至是非法捕捞的所得……总的来说，在2016年，人类捕获的海鱼总量达1.05亿吨，这远远低于1996年创下的1.3亿吨的记录，因为在这十年间，海洋里的鱼类数量在持续减少……

日趋上升的消费量

同样是在2016年，全球水产品的人均年消费量首次突破了20千克。该数字之所以还能继续增长，那是因为人类消费的鱼类中有一半以上（目前为55%）来自于水产养殖。这个点子并不新鲜：早在2500年前，中国人就在自家的池塘里养起了鲤鱼。后来，人们把水产养殖术从淡水发展到了海上，沿着海岸兴建起了鱼池，这项技术还在不断地蓬勃发展，其产量也在以每年5%的速度增加！

鱼中贵族

从数量上来看，人们养殖最多的是罗非鱼——一种只吃植物和虾的淡水鱼。不过，经济价值最高的还得数那些肉食性鱼类，如鲷鱼、海鲈鱼，当然还有鲑鱼。问题是：人们喂养这些鱼所用的颗粒状饲料主要由……野生鱼的鱼粉构成。而生产1千克养殖鱼需要消耗掉2到8千克饲料鱼，这听来有点蠢，不是吗？

装配一辆汽车所耗费的时间是否比拼 1000 片拼图更长？

纯手工打造一辆汽车得花几年的工夫。要想每天生产出数百辆新车的话，那就需要一个团队有组织、有计划地分工合作……

一辆车有多少零件？

一辆汽车大约有 3 万多个零部件，有些是制造商自己生产的，但很多都是其他车间以制造并拼装好的模块形式提供给制造商的。这些模块包括仪表盘、座椅、变速箱……所有零部件都必须在正确的时间出现在装配线上的正确位置：一辆辆待装配的汽车会像一节节火车车厢一样从技师或机器人面前经过，每个技师或每台机器都会完成一项特定的任务。

生产节奏

首先要利用冲床把钢卷冲压出组成车身各部分的钣金件，然后由机器人将这些钣金件焊接起来，组成一个“白车身[①]”。

在此基础上，工人们会为其安上车门和引擎盖，然后再进行喷涂步骤……接下来，另一条流水线会把装有发动机的底盘送过来，车身进入总装站：这一步是要将汽车上的各种配件装配到车身上，如车轮、挡风玻璃和车窗玻璃、前大灯，以及车内装潢等等。最后，组装完毕的汽车还要被送到测试台上去接受一系列考验……总体而言，生产一辆汽车大约需要 30 个小时。在一些大型工厂里，每隔一分钟就会有一辆新车问世！

最奢侈的拼图

爱好拼图的人都知道，拼拼图时应该先从图形边缘的一圈开始拼，因为边缘的拼片都有一个特点：至少有一条边是光滑无凹凸的……拼完一幅 1000 片的拼图需要 20 多个小时，也就是说：在生产一辆汽车的过程中，我们可以拼好一幅 1500 片的拼图。市面上出售的最大拼图包含 40320 个拼片，那可是 800 小时的“工作量”。然而，生产一辆“布加迪凯龙”（Bugatti Chiron）远比这费时：该款车是纯手工打造的，需要 20 名技师耗费 6 个月的时间才能生产出一辆……其价格自然不菲！

① 白车身（英文：Body in White）指完成焊接但未涂装之前的车身，不包括四门两盖等运动件。

与巴黎居民相比，香港居民的生活空间是否更小？

很多人都梦想住进一套大房子里，甚至是一座宫殿里！然而在现实生活里，我们往往得学会知足。

我的小窝

从世界的一个区域到另一个区域，居民住宅的平均面积相差很大，该现象与诸多因素有关：国家的规模及其城市的重要性、居民的富裕程度、气候、家庭生活方式……就各国的人均住房面积而言，最小的数据与最大的数据之间竟然有 6 倍的差异：香港居民的人均居住面积为 15 平方米，俄罗斯为 22 平方米，英国为 33 平方米，日本为 35 平方米，法国为 43 平方米，德国为 55 平方米，加拿大为 72 平方米，美国为 77 平方米，而在地广人稀的澳大利亚人均居住面积竟达到了 89 平方米！

寸土寸金的都市

为什么香港会成为全球房价最高的城市？因为它占地面积小，而人口密度却很高：在旺角地区，每平方千米的土地上有多达 13 万居民。换句话说：如果该地区的所有居民都站在地面上，那么每 7.70 平方米就有一个人！当然，大多数人都聚居在高层的住宅楼里，这才得以为道路建设留下一丝宝贵的空间……巴黎的人口密度为 21000 人 / 平方千米，其实，该数字已经相当可观了。难怪巴黎居民的人均居住面积还不到 30 平方米，远低于法国的平均水平（43 平方米 / 人）……

空城计

并非所有中国人的居住现状都像香港那样。在这个地域辽阔的国家，有些新城甚至是各地政府在 21 世纪初为迎接外来人口而专门建设起来的，然而……数千栋崭新的住宅楼多年来一直空无人烟，因为当地的经济增长速度未能达到预期的水平！如今，这些人迹罕至的新城被人们戏称为“鬼城”……

我们的皮肤所覆盖的面积是否大于一条沙滩巾[1]？

皮肤是人体最重、面积最大的器官。无论它的颜色、面积如何，最重要的是——“合身”！

一件柔软的皮囊

皮肤的首要功能是形成一个具有双向保护作用的“屏障”：从人体内部来看，它能使骨骼和器官保持高度湿润；从外部来说，它还能抵御来自外界的侵害，如恶劣天气、阳光射线、异物摩擦、各种细菌……尽管被称为“屏障”，但其实皮肤并没有很厚：平均厚度约为 0.6 毫米。根据身体部位的不同，皮肤的厚度会出现很大的差异：比如，眼睑的皮肤较薄，仅为 0.3 毫米；背部上方的皮肤则较厚，约 3~4 毫米，而脚掌的皮肤厚度甚至可达 5 毫米。

① 沙滩巾是毛巾的一种，尺寸比浴巾要大一些，主要用于游泳后擦身、遮体，也常用于沙滩上铺躺。

超敏感的感受器

皮肤的另一个重要功能是接收外部刺激，因为表皮、真皮及皮下组织内广泛分布着数量庞大的感受器。有些感受器对触觉和压觉特别敏感：整个人体大约有 50 万个触觉感受器，它们在手指末端分布最多（每平方厘米的皮肤下有超过 2000 个），能够帮助我们察觉到最微小的细节，不信你可以用手抚摩一下这本书的封面……还有些感受器可以感知冷、热、疼痛和瘙痒等。这就是为什么有时候，一次轻微的触碰或刮擦就能让我们吓一跳！

假如将皮肤铺展开来……

我们可以参考好几种公式，通过一个人的体重和身高，来计算其体表面积。不过在本篇中，我们仅探讨以下几项平均值：新生儿的皮肤表面积还不到 0.25 平方米，等幼儿长到 2 岁的时候，其体表面积便可达到 0.5 平方米，9 岁时接近 1 平方米。成年女性的皮肤表面积一般为 1.6 平方米；而体重 70 千克左右的成年男性皮肤表面积要达到 1.9 平方米，该面积与一条大尺寸的沙滩巾相当。然而，皮肤的总重量却几乎是沙滩巾的 5 倍，即 4 千克出头！

塑料是否比玻璃分解得更快？

法国化学家拉瓦锡曾经说过：“物质不能被创造，也无法被毁灭，只能被转移”。当然不错！可问题是，人类制造垃圾的能力实在太强了，以至于大自然已经跟不上我们的节奏了……

白色污染

塑料袋无处不在，我们使用它，丢弃它……快别这么干了！这种被你重复了无数次的行为对环境而言是一场灾难。在自然界中，一只塑料袋在被完全分解之前可以“存活”长达450年，因为负责这项工作的微生物（细菌、真菌或藻类）很难降解从石油化工中提取的塑料物质。

海鲜塑料汤

优质的现代玻璃可以保存……4000年之久！但这种材料是100%可回收的，而塑料却会对环境造成严重危害……在海洋中，大片区域都覆盖着堆积成山的废物：鱼类经常因误吞大块的塑料而窒息；此外，海水中充斥着大量的化学分子，成了一锅令人作呕的“海鲜汤”。一旦被海洋生物吞下以后，这些有毒物质便会随着食物链不断传播……最后进入人体内！

降解速度

为了保护环境，我们每个人在力所能及的范围内可以做些什么呢？答案是绝不乱丢任何垃圾，因为哪怕是一张废纸巾都需要 3 个月的时间才能被大自然消化掉。果皮的降解周期为 3 个月到 2 年，口香糖为 5 年……然而，还有比这更糟的：铝罐需要长达 200 年才能分解完毕，而塑料瓶甚至需要 400 年。假如纸尿裤在路易十四的时代就存在的话，那我们如今还将能在森林里找到未被分解的废尿裤！将心比心，我们能不能别让我们的子孙后代遇到这种情况呢？

宇宙空间站是否比一栋别墅更大？

不少天文爱好者喜欢跟踪空间站绕行地球的轨迹。在天上的这个小亮点里长期居住着几位男女宇航员……如今说起这些，已经没有人会觉得不可思议了！

旋转飞椅

国际空间站（ISS）在距地面 330 千米至 435 千米的“低”轨道上运行，站上常驻有 6 名宇航员。空间站每 92 分钟绕行地球一周，飞行速度达 28000 千米 / 时！从空间站的舷窗向外望去，我们的小星球仿佛迷失在了浩瀚的宇宙中，而日出日落则成了一道永恒的风景……

太空积木

1998 年，由俄罗斯制造的“曙光号”功能舱作为国际空间站的第一个组件被送上了轨道，该模块重 19.3 吨，配有推进、通信和发电系统。两周以后，美国宇航局（NASA）发射了“团结号”节点舱（11.6 吨）与之对接，为人类常驻空间站提供了条件。自 1998 年以来，人类经历了 40 多次远征任务才把构成空间站的 70 个重要组件陆续运上了太空。建成后的空间站长 108 米，宽 74 米（堪比一个足球场的大小），总质量达 420 吨。

无与伦比的视野

国际空间站的 13 个密封压力舱分为好几个区域，内部空间达 900 立方米，其中 400 立方米为可居住空间，相当于一栋六居室的别墅……只不过这栋别墅的墙壁和天花板也能睡人。这套“太空豪宅”也是人类历史上最昂贵的建设项目：截至 2017 年，其成本估计超过了 1500 亿美元，即每立方米生活空间耗资 3.75 亿美元。尽管这笔费用贵得令人咋舌，但除了在国际空间站，你上哪儿也找不到这种带有 7 个舷窗的圆顶舱：在这里，你可以以 360 度的“上帝视角”来俯瞰地球！

生产1千克小麦是否比生产1千克牛肉更费水？

珍贵的淡水资源在世界各地分布不均。然而，我们大家都需要大量的水才能生存下去……要知道，我们所消耗的绝不仅仅是家里的自来水！

虚拟水

无论是农业产品还是工业产品，在栽培、清洗、包装或制造等过程中都需要消耗一定量的水。一件商品在生产和销售过程中所使用的水资源总量便是其所包含的“虚拟水”。据估计，一个人因生活所需（饮用、洗漱、做饭、冲厕所），每天至少要使用 75 升“真实水”。但实际上，一个人每天只是在饮食方面就要耗费 1000 升“虚拟水”，在其他方面自然也无法避免这种消耗……总体而言，一个中国人每天耗费 1900 升水资源，而一个北美人每天则要耗费 6800 升！

牛肉：吸水如海绵！

我们所需的淡水从雨水、地下水或河流中来，然后又返回到这些源头去。然而，并非所有地区都具备这样的淡水资源。在一些气候干旱的地方，人们很难从事肉牛养殖：以牧场里饲养的牛为例，生产 1 千克牛肉需要耗费 15500 升“虚拟水”。生产其他肉类则耗水少一些：1 千克猪肉需要 4800 升“虚拟水”，1 千克禽类的肉需要 3900 升“虚拟水”……

水无处不在

以那些种植在蓄水稻田里的水稻为例，每生产 1 千克干燥的稻谷需消耗多达 5000 升水。而收获 1 千克小麦，则平均需水 590 升……是生产 1 千克牛肉所需水量的 1/25！再举几个例子：制作一个汉堡需要 2400 升水，生产一条牛仔裤需要 1 万升水，制造一辆汽车需要 40 万升水……一张纸含有 10 升“虚拟水”，也就是说：仅仅是你手中这本重约 500 克的书就耗费了 1000 升水。

我们的大脑（从比例上讲）跟麻雀脑一样大吗？

“笨鸟”“菜鸟”“鸟人”……这些脏话对人类和鸟类而言其实都是一种侮辱！我们能否用一种更加智慧的眼光去看待这二者呢？

衡量标准

假如生物的智慧程度果真与其大脑的重量成正比，那么蓝鲸理应是这个地球上最聪明的物种：蓝鲸的大脑平均重约 7 千克，而人类的大脑“仅”重 1400 克，所以蓝鲸的智慧程度应该是人类的 5 倍……这样的推理显然是谬误的，我们不妨把大脑的重量与生物自身的重量联系起来作比较：人脑的重量占人体总重的 2%，而鲸脑的重量仅占其体重的 0.004%。这样看来，人类还是遥遥领先的。不过，麻雀的大脑虽平均只有 2.5 克，却占到了其体重的 8%。以大脑占身体的比例大小来衡量智慧程度的话，那麻雀才是冠军！

狡猾的鸟类

事实上，许多鸟类都非常聪明，尤其是那些杂食性的和特别能够适应新环境的，比如“家麻雀”（拉丁学名：Passer domesticus）。家麻雀在外形上很接近麻雀：毛茸茸、小小的一团，蹦蹦跳跳，四处乱窜……想知道它最爱用的一个伎俩吗？那就是到还热乎的汽车引擎盖上去觅食被撞扁的昆虫。还有人见过家麻雀在一家餐厅的自动门感应装置前飞飞停停，待大门开启时便伺机溜进去！

“羽量级”大脑

鸟类的脑部神经元数量是灵长类动物的 2 倍，是啮齿动物的 4 倍。此外，鸟类的大脑还有一个发达的前额区域，这说明它们具备了学习复杂技能的基础。例如，乌鸦懂得把树枝做成小钩，然后利用它将小虫从枯树的树干里赶出来……鹩哥和鹦鹉也不只是重复听到的内容，它们还会使用人类的语言进行交流：它们中的一些甚至能够掌握多达 150 个词汇！

落到月球上的陨石比落到地球上的更多吗？

月球表面坑坑洼洼的，像极了一种布满小孔的奶酪……不过，这是否就说明月球比地球更常受到陨石的“光顾”？

一千零一个陨石坑

小行星是指那些体积和质量都比行星小得多的天体，它们在太阳系内环绕太阳运动，但偶尔会脱离原来的轨道，坠落到月球或地球上……自 2009 年以来，美国宇航局（NASA）通过一种新的探测器观察到，月球表面每年都会新增至少 180 个陨石坑。除小行星造成的直接破坏以外，还有许多岩石碎块被抛

射到了四周……平均而言，月球表面每隔 8 万年就会完成一次彻底的“整容”！

“盾牌”效应

地球周围包裹着厚厚的大气层，越接近地表，大气层的密度越大。当有小行星撞向地球时，大气层的阻力能够减缓其坠落速度，并使其升温燃烧，因此这些小行星通常在到达地面之前就烧灼殆尽了。这就是为什么我们总对小行星的“造访”毫无察觉：它们基本上都以尘埃的形式落到我们头顶上了。据估计，在全球范围内，每天落下的小行星尘埃达 100 多吨，这远远超过了撞击月球的陨石总量。也难怪，毕竟地球更大，而且具有更强的引力……

祸兮福兮

然而也有时候，有些体积较大的小行星在穿越地球大气层时未能被完全分解，于是便坠向地面，成了陨石。陨石造成的破坏可能是灾难性的：早在 6500 万年前，正是由于一颗直径达 10 千米的陨石撞击地球，才导致了恐龙的灭绝……不过，在绝大多数情况下，陨石的重量只有几十克或几百克。世界上有这样一群人，他们整日在荒漠里搜寻陨石，人们称之为“陨石猎人”。最罕见的陨石来自火星，其价值比等重的黄金还要贵 10 倍！

给路面融雪时撒的盐是否比烹饪时用的盐更多？

沿海地区的盐田可以生产出一种滋味鲜美的海盐……可那些撒在道路上的盐也是盐场里生产出来的吗？

降低冰点

在回答所有问题之前，让我们先来弄明白：人们为什么要在道路上撒盐？答案是为了防止路面结冰。当自然界的水（雨、雾或融化的雪水）接触到寒冷的地面时，就会形成一层薄薄的冰。纯净的水在 0℃结冰，而泥水则可以承受住更低的温度……当我们往水里加盐时，组成盐晶体的原子便会分开。其结果是，盐水可以在 0℃时继续保持液态，有时甚至当温度降至 –21℃时也不结冰！

盐矿

其实，撒在道路上的盐根本就不需要盐场生产：盐（即"氯化钠"）是地球上储量最丰富的资源之一！从地下开采出来的盐叫作"石盐"，其需求量比从海水中提取的海盐更大。每个国家都有开采石盐的盐矿，它们通常是数百万年前远古海洋蒸发后所形成的。石盐里含有许多黏土杂质：人们用它来融化道路上的积雪，或者将其加工提纯后用于其他用途……

生产生活离不开盐

我们在饮食中用到的盐仅占总产量的 16%。道路融雪所消耗的盐还要少一些，约占总产量的 14%，但这也得视每年冬天的寒冷程度而定……那么剩下的盐都去哪儿了？ 8% 用于农业，20% 用于印染、造纸工业等，另有超过 40% 用于有机化学工业（制造塑料及很多其他产品）。在日常饮食中，我们应该学会控制用盐：世界卫生组织建议成年人每天摄入量不超过 5 克，也就是一茶匙的量……你可别一口全吞了！

藻类的生长速度有竹子快吗？

不论在陆地上还是水下，有些植物的长势是如此疯狂，仿佛我们用肉眼就能看到它们在生长。快！它们必须尽可能地征服空间，以争取更多的光线……

破土冲天

世界上的竹类植物有1000多种，主要来自亚洲和美洲。并非所有品种的竹子都具备非凡的生长能力，但它们中长得最快的在一天内就能长高91厘米，即每小时长3.79厘米！能够拥有这样的长势，全靠竹子自身的特殊结构：一个个竹节通过一根空心茎（竹竿）连接在一起，由于相邻竹节间的部分能够同时生长，所以竹子才长得那么快……世界上最高的植物（树木除外）是一棵生长在印度的竹子，其高度达37米！

海藻森林

海洋中的生长冠军是褐藻。好几种海带目大型褐藻分布在温带和两极地区的沿岸海域，并形成了一片片名副其实的“海底森林”。繁茂的藻叶随波起伏，为大大小小的海洋生物提供了食物和庇护所。有些大型褐藻每天可以生长 20 厘米，总长度可达 60 米。其中一种叫作“巨藻”（拉丁学名：Macrocystis pyrifera）的藻类甚至能够在一周内生长 5 米，即每小时长 3 厘米，该生长速度略逊于竹子，所以……

不着急，慢慢来……

长得快并不代表活得久！竹子的茎秆最多可以存活 20 年，这与树木的寿命相比，简直微不足道：有些树虽然生长缓慢，但却能活数千年之久……植物界的另一位长寿冠军——地衣——是由一种藻类和一种真菌共同组成的复合有机体。地衣能够在极端恶劣的条件下生存，但生长速度却极为缓慢……其中长得最慢的一种叫“地图衣”（拉丁学名：Rhizocarpon geographicum），每年仅生长 0.2 毫米，经过一个世纪的光阴也只能长出 2 厘米！

四月出生的宝宝比九月更多吗？

呜哇！呜哇！在欧洲，每年都有超过 500 万个婴儿降生。同世界各地一样，欧洲每天的新生儿数量会受诸多因素的影响而有所不同……

喜庆的日子

在法国及其他许多国家，9 月 23 日是个比较特殊的日子，因为从统计数据来看，这一天出生的新生儿数量是全年中最多的。鉴于妇女的妊娠周期平均为 265 天，那么我们只要往前推算一下受孕日期，一切自然就清楚了：12 月 31 日……一个无比喜庆的日子，很多宝宝都是在迎接新的一年的夜里，伴着焰火的光辉来到妈妈肚子里的！

昔日的生育高峰期

在过去，宗教日历曾在一段时间内对人们的生育节奏产生过影响。对基督徒而言，“四旬斋”是一段禁食和禁欲的时期，总共持续 40 天……斋戒结束后，信徒们终于得以释放压抑许久的欲望——果不其然，人们总会在 9 个月后迎来一个生育高峰。在 20 世纪下半叶，西方国家出现了一种“带薪假日宝贝”的社会现象：劳动者通常会选择在 7 月或 8 月休带薪年假，在这个风和日丽、休闲惬意的季节，妇女的受孕率自然比平时更高，所以来年春季总会迎来一个生育高峰。这种趋势如今仍然存在，只是不像从前那样明显了，因为全年各时段的出生率都比较平稳……

生娃季

美国密歇根大学的研究人员仔细查看了 118 个国家的统计数据，最后发现：婴儿出生最多的月份会根据纬度的差异而有所不同！例如，欧洲的生育高峰期在春季，而加勒比地区却是在 10 月左右——当地最舒适宜人的季节。另有一个有意思的数据：在法国，1977 年、1984 年和 2004 年，这三年春季的婴儿出生数量都明显少于其他年份同季度的出生量。这三个年份有一个共同点：它们的前一年都出现了罕见的酷暑天气。这下我们可以下结论了：恋人们不喜欢特别炎热的天气！

世界上说英语的人多还是说汉语的人多？

世界上仍在被使用的语言大约有6000种。在许多国家，同时说若干种语言是很常见的事。那么，我们究竟该如何统计说每种语言的人口数量呢？实际上，有两种方法可供选择……

母语人口

母语，亦称“第一语言”，是一个人出生以后最早接触、学习并掌握的语言。若以母语为标准来统计说每种语言的人数，那么汉语普通话应该是世界上使用人数最多的语言：约有9亿多人以汉语普通话为母语。西班牙语位列第二（4.5亿），接下来才是英语（3.6亿）。在这个排行榜中，法语仅排到第10位：其母语人口数量为1.15亿。幼儿咿呀学语时最先学会的词语一般都是“麻麻”“粑粑”，如若遇到一个贪吃宝宝，那他一定能比其他孩子先学会说“饼干”……

使用人口

另一种统计方法是把所有那些会说同一种语言的人都加起来，不论该语言对使用者而言是第一语言还是第二语言，抑或他们只是把它当作一门外语来学。若按这种标准来对人类语言进行排序，则会得出一种不同的结果：英语占据了领先地位，其使用人口达15亿，排名第二的是汉语普通话（11亿），第三名

是西班牙语（5.67 亿），而法语则跃升到了第六位（2.74 亿）。

消失的语言

尽管以上只讨论了几种主要语言的使用情况，但我们不该忘记一个悲伤的现实：人类的语言财富正在受到威胁。在现存的 6000 多种语言中，有 95% 已经相当罕见，好多语言的使用者甚至只剩下几百人。据联合国教科文组织称，世界上每 15 天就会有一种语言彻底消失！这早就不是什么新鲜事了：在 16 世纪的北美，美洲印第安人曾说着约 650 种语言，如今，既没有灭绝也不受到威胁的语言只剩下了一种——格陵兰岛居民使用的因纽特语。实在是太遗憾了！要知道，语言不仅可以用来交流，还能折射出各个民族的世界观以及信仰。当一种语言消失时，随之一起陨落的是一种文明。

荷兰人比美国人更高吗？

一个人的身高 80% 取决于其父母的身高，这是遗传决定的。但后天的健康和营养状况也能对身高产生影响，只不过这种影响要经过几代人的时间才能显现出来！

高大的欧洲人

20 世纪初，北美人曾是全球人口中最高大的。在随后的一百年间，北美人的身高虽平均增长了约 6 厘米，但这个涨幅却远远比不上欧洲人：个别欧洲国家的公民“长高”了不止 12 厘米！如今，荷兰男性和拉脱维亚女性分别以 1.82 米和 1.70 米的平均身高位于世界各国之首。除此之外，身高出众的国家还有比利时、爱沙尼亚、丹麦……事实上，雄踞身高排行榜前 10 位的全都是欧洲国家！在参加排名的 200 个国家中，法国排在第 26 位。

这就是差距

营养和环境对孩子的成长至关重要，难怪身材矮小的人集中出现在一些食品供应保障较低的国家。东帝汶的男性平均身高为 1.60 米，是各国中最矮的。女性平均身高最低的国家则是位于南美洲的危地马拉：尽管该国女性平均只有 1.49 米，但该数字还是要比 100 年前测得的 1.40 米高出许多。然而，在非洲及中东地区的一些贫穷国家，当地人的平均身高却在同一时期减少了几厘米。

此消彼长

欧洲人的身高已经步入了一个增长停滞阶段，这让我们看到了人类可以到达的身高上限。时至今日，身高长势最迅猛的国家在亚洲：一个世纪以来，韩国人平均长高了 20.2 厘米，身高增速居全球第一。在老挝，成年男子的平均身高过去只有 1.53 米，可如今，当地 12 岁的儿童就已经达到了这个高度！

地球上的树比鸟更多吗？

就在不久前，人们还无法回答这个问题。伴随着科技手段的进步，加上保护生物世界的需要，促使科学家们鼓起勇气接受了这项课题的挑战！

浩大的工程

在2006年，为了应对全球气候变暖，联合国发起了“种植十亿棵树”的行动。然而在那个时候，人们还不清楚地球上究竟有多少棵树！一位名叫托马斯·克劳瑟的科学家研究了所有可用的森林数据，并在全球范围内选取了42000片森林；随后，数千名志愿者赴现场对这些森林的树木进行了逐一清点；接下来，托马斯将采集到的树木数量与卫星图像进行了匹配，以提高通过卫星图像估算树木数量的精确度。直到2015年，托马斯和他的团队终于将所有数据输入一台计算机内，大家屏息凝神等待着最后的结果……

比预想中更多

结果非常令人意外！全球总共有3040000000000棵树，超过了三万亿棵，比先前估计的数量多出7倍，相当于地球上平均每人拥有400棵树……但是，你可别因此就以为人类对森林的破坏程度并不严重：据科学家们估计，在人类文明出现以前，地球上的树木数量是现在的2倍；目前，人类每年要砍伐约150亿棵树木，但却只种回砍伐数量的1/3。

千羽千寻

地球上现存的鸟类约有 10000 种，人类对它们相当了解，同时也会定期地统计其数量……不出所料，数量最庞大的是那些家养品种，如鸡、鸭或火鸡……其次是麻雀、鸽子、乌鸫、绿啄木鸟……如果将所有鸟类的数目相加，那总数大概会是 310 亿只，也就是说，生活在自然界的每只鸟平均占有 1000 多棵树。对鸟儿来说，最头疼的问题恐怕是不知道该在哪棵树上筑巢！

动物也像人类一样“说话”带口音吗？

英语口音五花八门，有美国口音、英国口音、澳洲口音……各种口音的发音方式没有好坏之分，只有地域差异。其实，在动物界也有类似口音的现象！

猿鸣

有科学家观察到：荷兰动物园里的一群黑猩猩在指代“苹果”时会发出一种尖锐的叫声；位于苏格兰的爱丁堡动物园里，另一群黑猩猩在表达同样的概念时，则会发出一种相对低沉的叫声。后来，荷兰动物园里的那群黑猩猩被转移到了爱丁堡动物园，几个月后，两个群体之间逐渐培养出了友谊……而新来的那群黑猩猩居然改变了原先的高亢语调，操起了当地猩猩的口音！

鲸歌

鲸类的“语言”是动物界中最复杂的，其中可能包含超过1000种不同的声音。即使是同一种类的鲸，其声音也会因其生活海域的不同而出现差异！更奇特的是，一个鲸群的语言还会不断地变化发展，就像有些流行语或新鲜词会在人群中普及开来一样……甚至有科学家观察到，太平洋的鲸群曾向印度洋的鲸群“借鉴学习”过某些发音。哇哦，带有异域风情的口音听起来真别致！

商业炒作

大量鸟类的鸣叫声也会在不同族群之间出现多种变化，这已成为不少科学家的研究课题……在2006年，一条传遍全球的新闻曾令世人感到震惊：在英国，一些奶农声称他们的奶牛会因生长地域的不同而发出不同的叫声，而且这种差异竟是因为牛群耳濡目染了其饲养者的口音。虽然这种说法找不到任何科学依据，不过……乳制品的销量却显著提升了……其实，这才是造谣者真正的目的！

一座冰雕城堡可能比一座沙雕城堡更高吗？

沙雕或冰雕作品之所以会令我们着迷，其中很重要的一个原因是它们的美如昙花一现：这些作品通常在几天或几周后便消融或倾塌了……但是别忘了，即使是一座石头砌的城堡也抵不住岁月的侵蚀，千年之后一样会化作尘埃！

沙雕用沙

每个人年幼时大都在沙滩边或小公园里堆过沙子……只是有些人一玩就再也没能停下来！当然，我们所指的是那些专业的沙雕艺术家，他们常常会参加各类沙雕大赛，并能吸引成千上万名游客驻足围观……沙雕所用的沙子一般都是细腻的海滩沙，然而最理想的其实是采石场的沙子，因为这种沙更加粗糙，沙粒之间能够更好地黏合在一起。另外，沙子必须保持湿润才能凝聚成紧实而有可塑性的沙堆：1 体积水配 8 体积沙，这才是水与沙的理想混合比例！

看不到海的沙滩

就在这几行字被印刷出来的时候，有人已经建成了世界最高的沙雕城堡，这件作品高达 16.68 米，位于德国杜伊斯堡的一个景观公园内，公园本身是由一座废弃的钢铁厂改建而成的。在稳住了沙堡的主体部分（重达 3500 吨的锥形沙堆）以后，一支由 19 人组成的艺术家团队便登上起重机的升降吊篮，开始从上往下雕刻沙堆，花了整整 25 天时间才完成这件杰作。然而，沙堡只“存活”了一个月便坍塌成了……一片人造沙滩！

梦幻仙境

作为雕刻材料，冰块比沙堆要坚硬得多。艺术家必须先把冰割成块状，并用这些冰块搭成一个建筑物的雏形，然后才在上面进行雕刻。在中国北方的哈尔滨，冬季的气温可以低至 -35℃，那里每年都会举办一场精彩绝伦的冰雕大赛，曾经建成过一座高度超过 30 米的冰塔，比最高的沙雕城堡高了近一倍！在芬兰的凯米，每年冬季都会建成一座可以住人的冰雪宫殿，宫殿里包含一间小教堂和一家酒店。很多人会特意从世界各地赶来这里举办婚礼。不过，但愿他们的婚姻能比冰宫本身的寿命更长久——宫殿一到来年春天便会化作一摊水……

人眼看到的图像是否比数码相机拍出的照片更清晰？

虽然我们很难将人体器官与一台机器作比较，但可以肯定的是，假如眼睛也可以拍照，那我们一定会觉得拍出来的照片看上去有点怪！

亿级像素

人眼的分辨率是多少？有些科学家还真就算出来了……需要说明的是，为了在人眼上找到与“像素”对等的概念，他们采取了一种略显牵强的计算方式。让我们撇开该算法的争议性，只谈结果：据这些科学家称，人眼的成像能力大约相当于5.76亿像素。这个数字听起来相当惊人，毕竟连分辨率最高的相机也只有3600万像素，但实际上，人眼的分辨率并不是这么计算的！

眼睛与大脑

人眼与数码相机（或摄像机）有个明显的区别：后者的传感器会同时记录一幅图像的所有像素，而人眼会接受恒定的光信息流，并将其传输给大脑，由大脑“实时”解码，以形成连续的图像，所以说眼睛对动态变化更敏感，对细节的捕捉则相对逊色……虽然我们的视野在水平方向上可以覆盖到180°，但我们却只有眼睛中央不到2°的范围（中央凹）是最清晰的！超出这个狭小的区域，眼睛的分辨率便会大大下降……

百万级像素

事实上，有科学家总结说，假如我们的眼球静止不动的话，那将中央区域的高清像素与周边范围的粗糙像素相加可知：人眼的分辨率大概只有700万像素，远低于大部分智能手机的像素。如果我们可以通过眼睛照相，那照出的照片中央还将能看到你自己的鼻子：其实人眼一直都看得到鼻子，只是大脑在成像时自动将其省略掉了！

澳大利亚的人多还是袋鼠多？

世界上大部分地区的人们对袋鼠的印象都特别好，觉得它们是一群亲切可爱的“拳击手”，然而对澳大利亚人来说，现实却与我们的想象相去甚远，因为当地的袋鼠实在是有点……太多了！

袋鼠泛滥

2007 年，澳大利亚有 2100 万居民和大约 2600 万只袋鼠。十年后，该国的人口增长到了 2400 万，而袋鼠的数量却……疯涨到了 5000 万！当地气候是导致袋鼠迅速繁殖的原因之一：丰沛的降雨促使植物大量生长，对食草动物来说可是享不尽的美餐，难怪它们会迫不及待地繁衍后代……此外，澳大利亚的人口有 90% 以上都集中在城市，这让袋鼠们更加肆无忌惮地占领起了广阔的自然空间。

彻底失控

现在的问题是，袋鼠没有天敌，其庞大数量威胁着当地的野生植物资源。只有那些生病或年幼的袋鼠才有可能成为澳洲野狗的猎物……说起野狗，当地人也在积极设法控制它们的数量：这些野狗是 4000 年前由印度尼西亚移民引入澳洲的，它们的出现已经导致了当地多个物种（包括袋狼）的灭绝。另外，为了保护东南部的牧羊区免受野狗侵扰，澳大利亚人在一个多世纪以前建成了“野狗围栏”（英文：Dingo Fence），这也是世界上最长的人造栅栏，其长度足足有 5320 千米……

野兔成灾

一直以来，澳洲都存在着外来物种成灾的问题：这些入侵的物种会迅速威胁到本地物种，挤占其“生态位[①]”，然后过量繁殖，变得难以控制。如果当初那位酷爱狩猎的英国殖民者能够明白这一点，那就不会发生后来的兔灾了：1859 年，他将 12 对欧洲家兔引入了维多利亚州；50 年后，澳大利亚的野兔数量已经发展到了……6 亿只！

① 生态位（英文：ecological niche）是指每个个体或种群在种群或群落中的时空位置及功能关系。

我们在大型超市里能更快找到矿泉水还是电玩光碟？

你注意到了吗？陈列电子产品的货架往往被安排在超市进口的显眼位置，而瓶装矿泉水却总是被摆放在店内深处的偏僻角落。其实，这样的布置并非巧合，而是商家们精心策划的结果……

销售工厂

当我们刚走进大型超市时，手推车里还是空的，正是东逛逛西瞧瞧的绝佳时刻。这就是为什么店里最贵的商品（游戏机、电视机、电话机……）都摆放在入口附近：商家期望消费者能够因一时兴起而消费。对了，你知道为什么有些货架会被安排在你的右手边吗？因为我们在自然状态下更倾向于往右边走！

预设的购物路线

要走到超市最深处去购买生活必需品，顾客必须经过中央区域，这就是为什么服饰和化妆品会被陈列在我们的必经之路上：这些产品能带给商家更多利润。随着我们前进的脚步，我们更容易看到那些面向我们的货架，因此这些货架便专门用来摆放商家最想卖出去的产品，而那些不愁卖的产品则会被放置在背对我们的货架上。另外，一些高利润的商品几乎总出现在与顾客视线齐平或方便顾客拿取的地方，而价格低廉的商品则会"隐藏"在货架最下方或不方便顾客拿取的地方……

货架上的"C 位"

怎么样，终于走到饮料区了吗？对商家而言，瓶装矿泉水又沉又占地方，而且利润空间很小。不过没关系，在到达收银台之前，顾客还有很长的路要走，还得面对很多其他诱惑……比如那些陈列在每个货架端头的打折促销商品。你也许会问：明明是同一款商品，为什么要把它们摆成巨大的一堆呢？因为商品数量越多，我们越有购买的欲望。咩！咱们消费者有时确实就像羊群一样盲目……

海洋生物多还是陆地生物多？

生物分类学，顾名思义，是一门指导我们对生物进行分类的科学。自古以来，一直有不少学者在该领域潜心研究，但直到 18 世纪，该学科才开始出现重大进展……

科学的分类系统

1758 年，瑞典生物学家卡尔·冯·林奈提出了“双名命名法”，该分类体系至今仍被我们用于描述和区分物种。简而言之，该体系把生物界分成了 4 大类：动物、植物、真菌和微生物。目前已被描述和分类的生物大约有 125 万种，包括 100 万种陆生生物和 25 万种海洋生物。虽然绝大多数哺乳动物和鸟类已被命名，但仍有大量新物种亟待我们去发现和了解……

诸多未知物种

2011 年，一群美国学者利用分类学最新技术展开研究后报告称，全球共有 870 万种生物，其中有 650 万种生活在陆地上，220 万种生活在水里。这意味着世界上还有 85% 的陆地物种和 89% 的海洋物种尚未被发现……新物种最丰富的地带包括珊瑚礁、海底、热带湿地等，但还有大量无处不在（甚至存在于我们花园中）的较小生命体却不为人类所知！

庞大的微生物家族

2016 年，一项针对微生物的最新研究再次推翻了人类先前的认知。随着科学的进步，一批研究人员利用最新基因测序技术对 10 万多种新型微生物进行了分类。基于大量的统计数据，这些研究人员采用数学方法推算得知：地球上的物种数量至少有……一万亿！换句话说，人类很有可能在自身灭亡以前都来不及发现和记录那些未知的物种。

假设每次心跳都相当于一粒沙，那么人一生的心跳次数所对应的沙子体积是多少？

扑通、扑通……在我们的一生中，有些心跳平淡无奇，而有些心跳则会令我们刻骨铭心！如果我们计算一下一个人从出生到死亡的心脏跳动次数，便会发现：这个数字说大不大，说小不小……

勇敢的心

我们的心脏是一块重约 300 克的肌肉，其体积约相当于一个拳头的大小（即 750 立方厘米）。一个人的脉搏节奏会随着其年龄的增长而改变：1 岁时为每分钟 125 次，10~15 岁时为每分钟 80 次，15~50 岁时为每分钟 70 次，50~60 岁时为每分钟 74 次……基于这些数据，我们可以计算得出：人在一生中的脉搏频率平均为 75 次 / 分钟。相比之下，大象的心率仅为 25 次 / 分钟，而老鼠的心率却高达 500 次 / 分钟……平均而言，人每小时心跳 4500 次，每天心跳 10.8 万次。也就是说，当我们活到 80 岁时，我们的心脏将跳动超过 30 亿次。

鲜红的河流

我们的心脏其实是一个强大的血泵，它能将血液推进动脉和静脉中，每分钟输出的血量约为 6 升。不过，当我们愤怒或使劲儿的时候，心脏的排血量可达 30 升 / 分钟！在安静状

态下，心脏平均每小时运输 360 升血液，即每天运输 8600 升。当一个人活到 80 岁时，其心脏的排血量将达到 2.52 亿升，相当于塞纳河 8 分多钟的流量……

一粒又一粒

一粒沙子的直径平均为 200 微米，即 0.2 毫米。从理论上讲，1 立方米空间可以容纳约 1000 亿粒沙，但考虑到即使沙子堆得很紧实，沙粒间也会留出约 1/3 的空隙，因此每立方米沙堆中所包含的沙粒数量更接近于 700 亿。已知 1 立方米等于 1000 升，所以每升沙子里约含有 7000 万粒沙。假设每次心跳都相当于一粒沙，那么人一生的心跳次数所对应的沙子体积应该是 43 升左右：这些沙子大概可以装满 14 只沙滩小桶，足以用来堆一座像样的沙堡了！

火箭升空需要比大型飞机起飞消耗更多的燃料吗？

这场比赛很不公平：飞机可以利用空气动力来托举自己在水平方向上缓缓升起……而火箭却必须挑战地心引力，做到在垂直方向上一飞冲天！

开足马力

目前世界上最大的客机是“空客 A380”，其最大起飞重量可达 560 吨。为了让飞机离地，飞行员必须使其在 50 秒左右的时间内从 0 千米 / 时加速至 300 千米 / 时。换句话说，他得不折不扣地“开足马力”：这时候，飞机的 4 台发动机每秒分别要消耗约 4 升燃油，其产生的推力叠加起来可相当于 2500 辆普通汽车的功率！不过，一旦飞起来以后，“空客 A380”每小时“仅需”耗油 15000 升，即每名乘客每 100 千米需消耗 2.9 升燃油……

越来越“苗条”的火箭

欧洲制造的“阿丽亚娜 5 号”运载火箭于 1996 年进行了首次发射，该火箭在发射台上时重达 750 吨。除主引擎外，还配备了两个固体助推器，以获得额外的推力。在发射升空的过程中，该火箭总共要消耗 637 吨液体或固体燃料……这个重量比一架满载的“空客 A380”还要重 77 吨！一旦冲出地球大气层以后，“阿丽亚娜 5 号”的重量便会减轻至 16 吨，将近发射前重量的 1/46。

太空怪兽

接下来，让我们谈谈人类历史上运载力最大的火箭——已经退役的“土星 5 号”。美国宇航局曾在 1967 年至 1976 年使用过该运载火箭，其自重达 2800 吨，约等于埃菲尔铁塔重量的 1/4！它的第一级包括 5 台发动机，每一台的重量都堪比一辆公共汽车，总功率相当于 330 架战斗机……这些发动机每秒就要消耗掉 13000 升燃料！在当时，人们即使是站在很远的地方都能看到它发射升空的场景：从发动机喷射出来的火焰可以长达 500 米，几乎是火箭自身长度的 5 倍！

我们会用更多的钢材来制造汽车还是罐头？

钢是一种非常实用的材料，我们身边的许多物品都是由钢材制成的，小到一个罐头盒，大到一辆高档跑车……说到底，其实汽车也不过是一些被安上轮子的大罐头！

钢铁是怎样炼成的

钢的主要成分是铁，人们在炼钢过程中会保留极少量的碳（0.02%~2%），以获得一种兼具韧性和延展性的铁碳合金。往合金中掺入其他金属元素（如铬或镍）可以改变钢材的性能，使其变得更坚硬、更有可塑性，或更耐腐蚀……目前，人类已掌握了 3000 多种钢材的生产技术，有些合金钢是为满足某种特殊用途而被专门研制出来的。

万能金属

用钢最多的行业是建筑业：无论是钢梁还是混凝土中的钢筋都离不开钢材。其次是汽车制造业，因为一辆车有 55% 到 70% 的部分都由钢材制成：车身、发动机零件、轮毂、排气管……包装行业的用钢量排在第三位：罐头食品、罐装饮料或喷雾器的包装罐都由马口铁（表面镀锡的薄钢板）制成，镀锡的目的是防止生锈。除此之外，钢还存在于其他许多物品里，有时甚至会以义肢、钢钉、钢板的形式被植入我们的身体里！

无限重生

全球平均每秒会生产出 51.4 吨钢铁，年产量达 16.2 亿吨，该生产水平比 20 世纪 50 年代高出了 9 倍……不过，炼钢的原料也不总是铁矿石，还有废旧钢铁，因为钢是一种可被无限次循环再利用的材料，而且再生钢铁的质量并不会比原来逊色。在法国，有 40% 的钢铁都至少经历过一个“轮回”。是的，你没听错：这个沙丁鱼罐头盒曾是你那辆红色小自行车上的车铃！

微笑时用到的肌肉是否比皱眉时更多？

常常会有人半开玩笑地说：笑比哭更省力！但在这一点上，大家众说纷纭，莫衷一是。到底有没有人以科学的方法准确地计算过每种表情所要牵动的面部肌肉数量呢？

表情丰富的面孔

我们的面部有 38 块“表情肌”，当我们与他人交流时，需要不停地用到它们。此外，还有 13 块与鼻子、眉毛等相连的深层肌肉。当然，我们还得算上负责眼球和眼睑运动的 14 块肌肉，以及让嘴巴正常活动的 8 块肌肉……总体而言，头部的 94 块肌肉中，有超过 60 块直接参与到了面部表情的形成过程中。

真笑与假笑

笑分很多种，有些笑容只牵动十来块肌肉，因为太过“机械”而令人觉得不真实……一项研究表明，要流露出最真诚的微笑，你必须动用 17 或 18 种不同的肌肉，其中最关键的是（让眼周出现小皱纹的）眼轮匝肌、（让眉毛运动的）皱眉肌以及（从颧颊到嘴角的）颧肌……

小郁闷与大悲伤

板着脸、拉长脸、摆臭脸……表达负面情绪所需牵动的肌肉数量似乎更难定义，有人说是 30 块，有人说是 43 块，还有人觉得是 65 块……可以肯定的是，这种类型的表情需要动用更多肌肉，其中包括降眉肌或降嘴角肌……假如人的情绪从忧郁变成了悲伤，那就得用到一百多块肌肉：悲伤者的身体会因抽泣而颤抖，而且从喉咙、胸部到腹部都可能伴有一些不受控制的动作。从旁观者的角度，我们有时很难判断一个人究竟是哭得缩成了一团，还是……笑得捧腹不迭！

① 在法国，人们玩忍笑游戏时习惯在开头唱这么一首儿歌。

西瓜 vs 甜瓜：哪种瓜的含水量更高？

这两种水果都原产自非洲，有较近的亲缘关系。它们与其他 800 多种瓜果蔬菜一样，都属于葫芦科植物……

西瓜王

埃及人从5000年前就开始种植西瓜了。目前，西瓜家族中约有480个品种，果肉颜色有红色、黄色、绿色、白色……平均而言，西瓜的含水量高达92%，所以它是一种既解渴又低热量的水果。经过长期的人工选择，有些品种的西瓜可以长到相当惊人的尺寸：一位名叫克里斯·肯特的美国农民就收获了一只重达159千克的巨型瓜，该瓜已通过吉尼斯世界纪录的认证，得到了“全球最大西瓜”的称号。这种植技术真是顶呱呱！

果香沁人

野生甜瓜的重量只有30~50克！不过，人们利用它们开发出了许多新品种，其中有一些可以长到15千克。甜瓜的含水量比西瓜要低一些，但也高达90%。在甜瓜的栽培过程中，人们特别关注果实的含糖量：如果含糖量低于规定值，那它就不是甜瓜，而是南瓜！世界上最昂贵的甜瓜当数赫赫有名的“夕张蜜瓜”，这种瓜被种植在日本北海道夕张市的温室中，单果的售价一般在45~90欧元。曾有一对被认为是绝对完美的夕张蜜瓜在一场拍卖会上以18000欧元的价格成交！

一瓜两用

在含水量方面，甜瓜和西瓜都输给了黄瓜：黄瓜原产于印度，其含水量可高达97%！在自然界中，黄瓜生长在地面上，瓜体呈自然弯曲状。但由于消费者更青睐长得笔直的黄瓜，所以瓜农们通常会把它们悬吊起来栽培。我们还可以趁黄瓜长大之前收获它们的幼果，并将其浸泡在盐水或醋里，制成清脆爽口的……小黄瓜泡菜！

赌场比教堂更能招揽游客吗？

世界各地的旅游业都在蓬勃发展，每年参加跨境旅游的游客已达 13 亿人次……那么这些游客都游览了哪些景点呢？我们又该如何统计每个国家的游客到访人次呢？

情迷法国

从交通运输业的客流情况来看，法国自 20 世纪 90 年代以来就一直蝉联着“世界第一旅游国”的称号，成为全球接待游客最多的国家。2016 年，有近 8300 万人次境外游客到法国来感受其风情美食！其次受欢迎的国家有美国（7800 万人次）和西班牙（7500 万人次），接下来是中国、意大利、土耳其……各国在该排行榜上的名次时常会出现变化，原因是个别国家可能突然因安全或物价因素而导致游客数量下滑！

腾飞的亚洲

另一种方法是以信用卡的使用情况来评估各国首都的游客到访人次。结果相当令人惊讶：巴黎按照该标准排名居然只位列第三，荣登榜首的是泰国首都曼谷和英国首都伦敦。在游客到访量排名前 20 的城市中，有 14 个是亚洲城市。另外，中国已逐渐成为世界各地国际游客的最大来源地！

人潮所向

法国最受欢迎的景点是巴黎圣母院，每年到访的游客达1400万人次，但这还不及东京的浅草寺（3000万人次/年）或墨西哥城以北的瓜达卢佩圣母大教堂（2000万/年）：后者仅在瓜达卢佩圣母节这一天就要迎接800万游客！至于全世界最受追捧的旅游景点，那还得数美国拉斯维加斯的“赌城大道”，每年慕名而来的游客达4200万人次。根据我们搜集到的手机定位数据，这里也是全球被拍照次数最多的景点之一。“咔嚓！ XXX到此一游！”……

我们早上醒来时的身高会比夜里睡前更高吗？

关节僵硬的老年人常常会在弯腰捡东西时抱怨腰疼，这时候，我们可以安慰他们：傍晚时人会变矮，地面会离我们更近，这样弯腰就不用那么费力啦！至于为什么会出现“早高晚矮”的怪现象，你继续读下去就知道了……

平均相差 2 厘米

如果家中有身高测量仪或是卷尺，那就赶紧来测一测吧：人的身高在刚起床时是最高的，然后在一天之中会减少 1~2 厘米，甚至是 3 厘米！该现象是椎间盘受压变扁造成的：脊柱的椎骨之间都由椎间盘相连接，人体共有 23 个椎间盘，它们合起来的总长占脊柱长度的 30%……

像海绵一样

椎间盘要比骨头柔软得多，每个椎间盘内都包含一个髓核，髓核里充满着一种半透明的胶状液体。当我们直立时，椎间盘会在重力作用下被压扁……如同一块海绵受到挤压一样，髓核内的液体会被驱出，然后外渗到周围的组织中，致使椎间盘的体积缩小约 20%。而当我们躺下时，施加在椎间盘上的压力便会消失，液体又得以重新渗进髓核内并使之充盈……实际上，我们经过一夜睡眠才长回的身高，在起床后一小时便会恢复原状：我们在白天的大多数时候都处于“最矮”的状态！

重力与身高

对于生活在地球上的我们而言，这种身高变化的现象看似有趣，然而对那些翱翔太空的宇航员来说，却是一项严峻的考验……在失重条件下，他们的椎间盘会过度膨胀，导致脊柱伸长达 7 厘米，这可不是闹着玩的！大多数人在回到地球以后会出现严重的背痛，甚至患上椎间盘突出……科学家们正在试图研制一种能够模拟地球重力的宇航服，这不仅是为了解决脊柱伸缩带来的问题，同时也是为了宇航员的下肢健康着想：由于长期不受上半身重量的压迫，他们的脚会变得像小婴儿的脚一样，圆鼓鼓、胖乎乎！

我们更有可能遇到空难还是更有可能被雷劈死？

将这两种事故的概率进行比较很有必要，因为这样可以帮助那些害怕坐飞机的人打消顾虑。今后当你乘坐的飞机遇到湍流时，记得默念这二者的比较结果！

安全系数与日俱增

航空运输部门的客运量以每年 5%~6% 的速度稳步增长：1970 年的全球旅客运输总量为 3 亿人次，而 2017 年竟达到了 30 亿人次！与此同时，商业航班的重大事故数量却在不断下降，从平均每年 68 起下降到了平均每年 39 起。20 世纪 70 年代，每年空难死亡人数约为 1700 人，如今却减少到了 400 人左右：旅客遇难率比过去降低了近 76%……不过，肯定仍有悲观主义者对这样的数据不满意。

一切都是相对的

美国一家报社的研究指出，平均每 120 万次航班中才会出现一起重大航空事故，换言之，假设一名乘客每天都乘一次飞机，那么他得到第……123000 年才能肯定自己会死于飞机失事。相比之下，在去机场的路上因车祸而丧命的概率比这至少要高出 20 倍！

晴天霹雳

世界上每天都会下大约 55000 场雷暴雨，地球表面每一刻都要遭受 100 次雷击……人类在雷击事故中的死亡率约为 10%：法国每年有 10~20 人因此遇难，美国每年有 50 人左右，这些事故大都发生在夏季……关于全球范围内的雷击致死人数，目前还没有任何现成的数据，但据说光是在印度，每年就有 2000 人死于季风期的雷暴天气……因此，你没听错：我们被雷劈死的概率远大于遇上空难的概率！可是，如果我们在坐飞机时遇到雷击怎么办？不用惊慌，这种事平均每 1000 飞行小时才会发生一次，而且在大多数情况下，乘客和飞行员对此都会毫无察觉！

地球人每天发送的短信多还是电子邮件多？

短信或邮件的发送量实在太庞大，以至于我们很难掌握到精确的数字。就在你阅读这几行字的时候，它们的发送量又噌噌地往上涨了不少！

第一封邮件

人类历史上的第一封电子邮件（英文：e- mail）是由美国计算机工程师雷·汤姆林森于 1971 年发送给他自己的。他首次使用了“@”作为邮件地址的分隔符：该符号诞生于中世纪，在美国被用于标示商品的单价。那么，这位工程师在给自己的邮件中都写了些什么呢？答案是“QWERTYUIOP”——电脑键盘上的第一排字母——看上去有些乏味无趣，然而谁能料想……截至 2017 年，全球的电子邮件发送量竟然已达 2700 亿封 / 天，即每秒发出 320 万封！不过，我们不得不承认：这些邮件中的绝大多数都属于垃圾邮件，其中所含的无聊广告通常还未拆封就被直接丢进垃圾箱里了。

意外的成功

SMS短信服务（英文全称：Short Messaging Service）是由一群芬兰工程师为听力障碍人士设计发明的……一开始，没有运营商相信人们会愿意用互发文字的方式来代替互相交谈。结果正相反！1999年，短信服务系统一经问世便取得了轰动性的成功。截至2017年，全球每天发出的短信数量已达230亿条，即266000条/秒，尽管如此，该数量比电子邮件的发送量的1/10还要少……可这个数字还在不断攀升，而且与邮件相比，短信拥有一项不容置疑的优势：后者的阅读率高达95%，而前者却不到10%！

邮差的郁闷

对至少一半以上的手机用户而言，智能手机不仅可以用来收发短信，还可以用来阅读和发送电子邮件……与此同时，传统信件（包括信纸、邮票、信封）的寄送量正在以平均每年3%的速度递减。或许有一天，纸质信件还会再次流行起来，毕竟它们在过去所扮演的角色与现在的短信和邮件并无太大差别。由此可见：人类的进化速度还赶不上自己发明的机器！

小麦 vs 大米：人类吃哪种谷物比较多？

我们应该对所有谷物说声谢谢：它们可以被煮成饭，磨成粗粒或粉末熬成粥或制成谷物片……人的膳食中，有几乎一半的热量都来自谷物！

玉米拔得头筹

克瑞斯（拉丁语：Cĕrēs）是罗马神话中的丰收女神，拉丁语中的“谷物”（cerealis）一词就来源于她的名字。人类种植谷物自然是为了收获其果实，每粒果实中有且仅有一枚种子。禾谷类作物占世界农业用地的51%，年产量达26亿吨，即人均占有342千克！以玉米为例，尽管其年产量高达11亿吨（在所有谷物中居首位），但其中3/4都用于饲喂动物，这种现象在工业化国家尤为普遍……

面包与大饼

小麦在西方国家是消费量最大的谷物。全球小麦的年产量为7.5亿吨，其中有58%供人类自己食用：在法国，小麦通常会被制成长棍面包和羊角面包！不过，被用作动物饲料的部分仍然占到了小麦产量的34%。剩下大约8%会被工业部门用来提取淀粉，以生产化妆品或作其他用途。

粒粒皆辛苦

从前在中国，人们见了面就会互相打招呼问："吃饭了吗？"在亚洲或非洲，有一半人口都以大米为主食。尽管全球大米的年产量不能和玉米、小麦相比，只有5亿吨，但所产大米几乎全部供人类自己食用了。在稻谷种植地区，平均只有不到总产量10%的大米被销往外地，绝大部分都被当地人自己消化掉了！所以说，大米虽是世界上种植量排名第三的谷物，却是被人类食用最多的一种：在印度尼西亚，大米的人均年消耗量为135千克，中国为90千克，法国仅为7千克！

同一款汉堡在全球各国的售价相同吗？

某经济学周刊别出心裁地比较了一款汉堡在世界各地的售价，这种看似戏谑的做法最终却成了一种相当严肃的调研手段！

理想的参考指标

我们很难比较两个或多个国家之间的生活成本差异。若这些国家使用不同的货币，我们的确可以参考汇率，可是汇率时涨时跌，缺乏稳定性。若这些国家使用相同的货币，那我们可以比较平均工资，然而这还不足以说明问题。于是有人采取了这种算法：假设有一个虚拟的“购物篮”，里面装着普通消费者的生活必需品（如大米、肥皂、汽油等），那么我们通过计算这个购物篮中的商品总价就可以得出一个国家的生活成本了……但其实，最理想的方法是找到一种在全球各国均有销售且规格质量统一的商品。

生活水平的风向标

自 1986 年以来，英国《经济学家》杂志每年都要公布一次“巨无霸指数”：该指数的计算基于麦当劳推出的“巨无霸”汉堡在世界各国的不同售价。要制造这样一款汉堡，麦当劳的经销商需要在当地市场购买原材料，同时还要支付员工工资、餐厅租金、水电费用……起初，“巨无霸指数”只是为了衡量各国货币汇率偏离其真实购买力的程度，但人们很快就意识到该指数也能很好地反映当地的生活水平。当然，这种分析方式并不是十全十美的，因为汉堡的定价会在一定程度上取决于当地市场对美国文化的接受程度！

实实在在的差距

如果将“巨无霸”汉堡在各国的售价都转换成美元，那么最高售价与最低售价之间可以存在近 10 倍的差异！ 2016 年，该款汉堡在瑞士卖 6.44 美元，在挪威卖 5.23 美元，在作为参考标准的美国卖 4.93 美元。售价最低的三个国家包括乌克兰（1.54 美元）、俄罗斯（1.53 美元）和委内瑞拉（0.66 美元）。在法国，这款汉堡当年卖 4.41 美元……从另一个角度来看，汉堡的定价也能多多少少地反映出当地的工资水平：要想买下一个“巨无霸”汉堡，瑞士人仅需工作 11 分钟，法国人需工作 15 分钟，而中国人则需工作 42 分钟，墨西哥人需工作 78 分钟……至于那些生活在肯尼亚首都内罗毕的居民，他们必须付出 3 小时的辛劳才能享用一个这样的汉堡！

我们一生中走过的路能够绕地球一圈吗？

步行非常有利于身体健康！在数万年间，它曾是人类具备的唯一一种交通方式……

脚踏实地

让我们向我们的双脚致敬，它们真是人类了不起的好伙伴……双脚共有56块骨头，超过了人体骨头总数的1/4，由200条韧带和40块肌肉带动行走。在走路时，每只脚约与地面接触0.6秒，跑步时则接触不到0.25秒。双脚合力支撑起的重量若累积起来会变得相当可观：根据一个体重75千克的成人行走1.5千米所用的步数，我们可以计算得出其双脚需要提供的推力达120吨，若此人以跑步的方式行完全程，则该推力必须增加将近一倍（220吨）！

步行速率

在法国，人们曾经用“法国古里”来计量路程：1法国古里大致相当于一个人在一小时内走过的距离。随着时代的变迁，1法国古里所代表的长度也在发生改变，其数值徘徊在3.2~4.6千米之间。一般来说，人的正常步行速度为4千米/小时。从前，人们一天通常可以走二十多千米路！现代人早就达不到这个步行距离了，因为我们出行时大都会使用代步工具。不过，世界卫生组织还是建议我们每天要走10000步。其实，如果我们快步走的话，10分钟便可以走1000步……

长途跋涉

成人走路的步幅大约在75厘米左右，因此步行1千米需要走1300多步，步行7.5千米需要走10000步。那我们每天真正会走多少步呢？平均而言，约7800步，也就是5.8千米。一年下来，我们可以走到2100千米。穷尽一生，我们可以走到大概15万千米，这个距离几乎是地球周长（40075千米）的4倍！不过，要想从地球走到月球的话，我们得将寿命延长至原来的2.5倍，而且还得造出一条通往月球的天路！

有没有一栋楼可以住得下全人类？

读到上面这个题目，你肯定在想：能够供全人类居住的房子，那得大到什么程度呀？！人类肯定造不出来……其实也不尽然！

假如人体是水做的……

一个人的体积有多大？由于人体的平均密度和水非常接近，因此人的体积大致相当于同等重量水的体积。例如，一个体重 30 千克的儿童，其体积大概就是 30 升；一个体重 70 千克的成人，那么其体积就是 70 升，依此类推。鉴于人的平均体重为 62 千克，所以一个人所占的体积约为 62 升，即 0.062 立方米。假如人体能够变成像石榴糖浆那样的液体，那么 1 立方米里将可以容纳 16 个人！

挨肩叠背

一间电话亭里最多能挤进多少人？ 20 世纪 50 年代，美国大学生酷爱尝试打破这项纪录。1959 年，22 名大学生成功地将自己塞进了同一间电话亭（每立方米空间约 10 人），由此打破世界纪录，该记录一直保持至今。不过，让我们忘掉这个极端的案例，做一些更贴近实际的考量：就算 1 平方米的面积上可以站下 5 人，考虑到一个人的平均身高有 1.63 米，所以准确来讲，1 立方米空间最多能容下 3 人左右……

人立方

要容纳地球上的 76 亿人口，那就需要 25.3 亿立方米的空间，该体积相当于一个边长为 1360 米的巨型立方体（不计墙壁厚度）。这样一栋建筑确实大得令人震撼，其高度是埃菲尔铁塔的 4 倍多，不过与世界第一高塔——迪拜的哈利法塔——相比，也就高出 532 米左右。其占地面积接近于巴黎的 1/60，花一小时左右便足以绕着它走一圈。唯一的问题是：谁会愿意住进这个挤得像沙丁鱼罐头一样的大盒子里呢？

图书在版编目（CIP）数据

真好笑，这样的“傻”问题竟然还有答案 /（法）斯特凡娜·弗拉蒂尼著;（比）樊尚·里夫绘；胡婧译．—上海：上海社会科学院出版社，2019

ISBN 978-7-5520-2937-6

Ⅰ．①真… Ⅱ．①斯… ②樊… ③胡… Ⅲ．①科学知识—普及读物 Ⅳ．① Z228

中国版本图书馆 CIP 数据核字（2019）第 217801 号

真好笑，这样的“傻”问题竟然还有答案

著　　者：（法）斯特凡娜·弗拉蒂尼
绘　　者：（比）樊尚·里夫
译　　者：胡　婧
责任编辑：杜颖颖
特约编辑：徐　昕
封面设计：主语设计
出版发行：上海社会科学院出版社
上海市顺昌路 622 号　　邮编 200025
电话总机 021-63315900　销售热线 021-53063735
http: //www. sassp.org.cn　E-mail: sassp@sass.org.cn
印　　刷：鹤山雅图仕印刷有限公司印制
开　　本：787 × 1092 毫米　1/20 开
印　　张：10.6
字　　数：115 千字
版　　次：2020 年 1 月第 1 版　2020 年 1 月第 1 次印刷

ISBN 978-7-5520-2937-6/Z · 070　　定价：49.80 元